L&PMPOCKETENCYCLOPÆDIA

História da vida

Série **L&PM**POCKET**ENCYCLOPAEDIA**

Alexandre, o Grande Pierre Briant
Budismo Claude B. Levenson
Cabala Roland Goetschel
Capitalismo Claude Jessua
Cérebro Michael O'Shea
China moderna Rana Mitter
Cleópatra Christian-Georges Schwentzel
A crise de 1929 Bernard Gazier
Cruzadas Cécile Morrisson
Dinossauros David Norman
Economia: 100 palavras-chave Jean-Paul Betbèze
Egito Antigo Sophie Desplancques
Escrita chinesa Viviane Alleton
Existencialismo Jacques Colette
Geração Beat Claudio Willer
Guerra da Secessão Farid Ameur
História da medicina William Bynum
História da vida Michael J. Benton
Império Romano Patrick Le Roux
Impressionismo Dominique Lobstein
Islã Paul Balta
Jesus Charles Perrot
John M. Keynes Bernard Gazier
Jung Anthony Stevens
Kant Roger Scruton
Lincoln Allen C. Guelzo
Memória Jonathan K. Foster
Maquiavel Quentin Skinner
Marxismo Henri Lefebvre
Mitologia grega Pierre Grimal
Nietzsche Jean Granier
Paris: uma história Yvan Combeau
Platão Julia Annas
Primeira Guerra Mundial Michael Howard
Relatividade Russell Stannard
Revolução Francesa Frédéric Bluche, Stéphane Rials e Jean Tulard
Rousseau Robert Wokler
Santos Dumont Alcy Cheuiche
Sigmund Freud Edson Sousa e Paulo Endo
Sócrates Cristopher Taylor
Teoria quântica John Polkinghorne
Tragédias gregas Pascal Thiercy
Vinho Jean-François Gautier

Michael J. Benton

História da vida

Tradução de JANAÍNA MARCOANTONIO

Coleção **L&PM** POCKET, vol. 1008

Michael J. Benton foi chefe do departamento de geociência da Universidade de Bristol de 2001 a 2008. É autor de mais de cinquenta livros, entre títulos infantis sobre dinossauros e obras de referência na área de paleontologia, como Vertebrate Palaeontology (2005).

Texto de acordo com a nova ortografia.

Título original: *The History of Life*

Primeira edição na Coleção **L&PM** POCKET: março de 2012

Tradução: Janaína Marcoantonio
Capa: Ivan Pinheiro Machado. *Foto*: Photoresearchers/Photoresearchers/Latinstock
Preparação: Jó Saldanha
Revisão: Viviane Borba Barbosa

CIP-Brasil. Catalogação na Fonte
Sindicato Nacional dos Editores de Livros, RJ

B42h

Benton, M. J. (Michael J.)
História da vida / Michael J. Benton; tradução de Janaína Marcoantonio. – Porto Alegre, RS: L&PM, 2012.
192p. : il. ; 18 cm   (L&PM POCKET, v. 1008)

Tradução de: *The History of Life*
Inclui bibliografia e índice
ISBN 978-85-254-2590-4

1. Vida - Origem. I. Título.

11-8567.
                                    CDD: 560
                                    CDU: 56

© Michael J. Benton, 2008
***História da vida* foi originalmente publicado em inglês em 2008**
Esta tradução é publicada conforme acordo com a Oxford University Press.

Todos os direitos desta edição reservados a L&PM Editores
Rua Comendador Coruja, 314, loja 9 – Floresta – 90220-180
Porto Alegre – RS – Brasil / Fone: 51.3225.5777 – Fax: 51.3221.5380

Pedidos & Depto. comercial: vendas@lpm.com.br
Fale conosco: info@lpm.com.br
www.lpm.com.br

Impresso no Brasil
Verão de 2012

Sumário

Introdução 7

Capítulo 1
A origem da vida 22

Capítulo 2
A origem do sexo 40

Capítulo 3
A origem dos esqueletos 59

Capítulo 4
A origem da vida na terra 78

Capítulo 5
Florestas e voo 97

Capítulo 6
A maior extinção em massa 112

Capítulo 7
A origem dos ecossistemas modernos 134

Capítulo 8
A origem do homem 159

Índice remissivo 182
Lista de ilustrações 188

Introdução

A Era dos Répteis terminou porque já tinha durado o suficiente, e foi, desde o início, um equívoco só.

> Will Cuppy, *How to Become Extinct*
> [*Como tornar-se extinto*] (1941)

É difícil entender a história da vida na Terra. Um sem-número de animais e plantas estranhos e extraordinários possivelmente passa diante de nossos olhos quando pensamos na pré-história: homem de Neandertal, mamutes, dinossauros, amonites, trilobitas... e, é claro, uma época em que não havia vida alguma, ou, quando muito, apenas seres microscópicos de extrema simplicidade flutuando no oceano primitivo.

Essas impressões vêm de muitas fontes. As crianças de hoje são desmamadas com livros de dinossauros, e as imagens de dinossauros vivos e respirando estão em toda parte, no cinema e nos documentários televisivos. E, assim como as crianças, muitos adultos visitam falésias ou pedreiras e coletam seus próprios trilobitas ou amonites fósseis. Esses fósseis comuns, assim como outros exemplos belos e espetaculares, tais como petrificações de peixes primorosos mostrando todas as suas escamas – ainda brilhantes após milhões de anos –, podem ser vistos em lojas de fósseis, em fotografias em livros ilustrados e na internet.

A maioria das pessoas sabe que os dinossauros, apesar de sua onipresença na cultura moderna, viveram muito antes dos primeiros humanos, e que, antes de existirem, houve imensos períodos de tempo povoados por animais e plantas ainda mais estranhos e raros. Como compreender tudo isso?

Fósseis

A chave para entender a história da vida são os fósseis (ver figura 1). *Fósseis* são restos de plantas, animais ou micróbios que um dia existiram. Os *petrificados*, que literalmente significa "transformados em pedra", são alguns dos exemplos mais comuns. Os fósseis petrificados podem ser de dois tipos. Primeiro, aqueles que foram literalmente transformados em pedra, nos quais nada resta do organismo original. A folha, tronco de árvore, concha ou larva desapareceu por completo, e a cavidade restante foi substituída por grãos de areia ou lodo, ou, com mais frequência, por minerais em solução que fluíram pelos espaços na pedra que os circunda e, então, se infiltraram no espaço e se cristalizaram.

O segundo tipo de petrificação, e o mais comum, ainda retém parte da matéria original do animal, talvez o carbonato de cálcio que compunha a concha, ou parte da cutícula ou restos carbonizados da planta. Nesses casos, grãos de rocha ou minerais simplesmente preenchem as cavidades. Assim, muitas pessoas podem se surpreender ao perceber que fósseis comuns, como um trilobita de 400 milhões de anos ou uma amonite de 200 milhões de anos, são, na verdade, em grande parte constituídos do carbonato de cálcio original de sua concha ou de seu esqueleto externo, tal como em vida. De modo similar, os ossos dos dinossauros, em sua grande maioria, ainda são formados do fosfato de cálcio (apatita) original, o principal elemento mineralizado na época e hoje. Se observarmos atentamente a superfície externa desses fósseis, talvez com uma lente de aumento, podemos ver características extremamente definidas, como espinhas e linhas de crescimento na carapaça do trilobita, madrepérolas multicoloridas originais na concha da amonite, e cicatrizes musculares ou marcas de dentes na superfície do osso de um dinossauro. Se as conchas ou ossos fósseis forem cortados transversalmente e examinados no microscópio, veremos que todas as estruturas internas e camadas de crescimento originais continuam lá. Portanto, o corte transversal de um osso de dinossauro parece tão novo hoje quanto o corte transversal de um osso moderno.

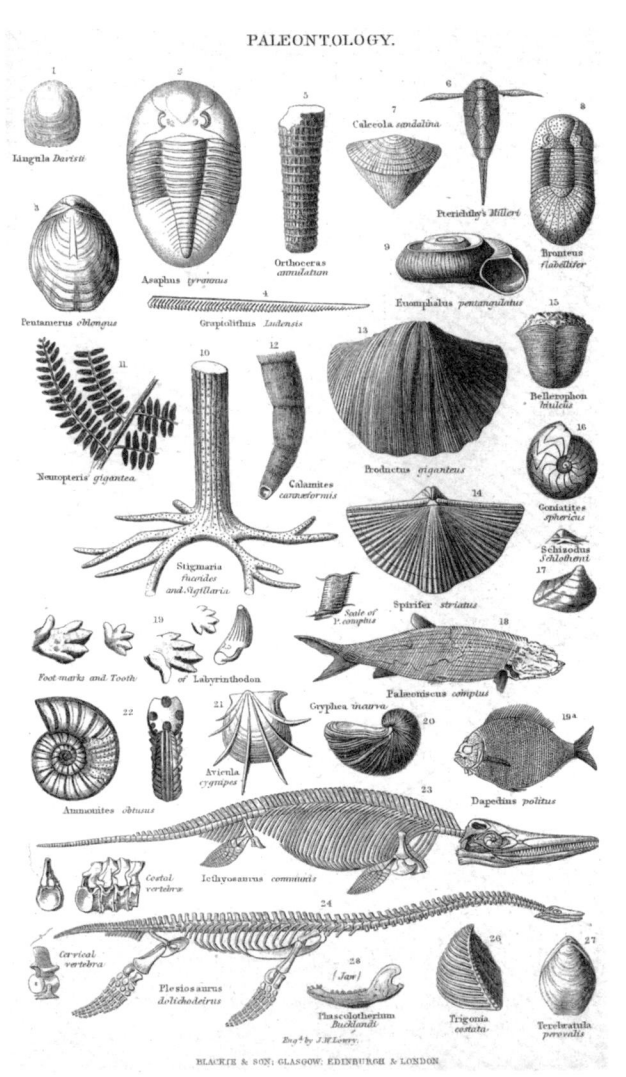

1. Seleção de fósseis de um livro escolar de meados da Era Vitoriana, mostrando trilobitas (parte superior), plantas achadas em depósitos de carvão e braquiópodes (centro) e uma seleção de amonites, peixes fósseis, um ictiossauro e um plesiossauro (parte inferior).

Nem toda planta ou animal que já existiu se transformou em um fóssil. De fato, se esse fosse o caso, a superfície da Terra estaria coberta com avalanches de fósseis em toda parte – grandes montes de fósseis de ossos de dinossauro, de trilobitas, de árvores gigantes de florestas carboníferas, de amonites e similares –, que provavelmente chegariam à lua. Ninguém sabe que proporção da vida terminou fossilizada, mas é sem dúvida uma fração minúscula, muito menos de 1%. As plantas ou animais devem ao menos possuir *partes duras*, como um esqueleto, uma concha ou um tronco de madeira enrijecido, para que possam ser prontamente preservadas. Ainda assim, a maioria das carcaças de animais e plantas mortas entra na cadeia alimentícia quase imediatamente, sendo revirada por animais ou decomposta por bactérias. Organismos mortos só podem se transformar em fósseis se está acontecendo a *sedimentação*, isto é, se areia ou lodo estão sendo despejados sobre os restos, talvez nas profundezas de um lago, sob um banco de areia em um rio, ou no fundo do oceano, abaixo da zona que é constantemente revolvida por correntes e ondas.

Vermes e dinossauros penados: preservação excepcional

Outros fósseis podem ser preservados em condições um tanto raras e, ocasionalmente, fornecer esclarecimentos únicos e inesperados sobre a vida primitiva. É a chamada *preservação excepcional*. Fósseis preservados excepcionalmente podem apresentar estruturas brandas, como carne, olhos, conteúdos do estômago, penas, pelos e similares. Os sítios de preservação fóssil excepcional são às vezes chamados de "janelas" para a vida do passado. Nesses sítios, os *paleontólogos* – cientistas que estudam os fósseis – podem vislumbrar tudo que existiu em determinados lugares e épocas, inclusive vermes de corpo mole, águas-vivas e outros seres que raramente são preservados em circunstâncias normais.

O folhelho Burgess, no Canadá, é um dos mais famosos desses sítios de preservação excepcional. Essas rochas têm 505 milhões de anos e, portanto, documentam alguns dos animais mais primitivos. Sem o folhelho Burgess, e sítios similares mais ou menos da mesma idade na Groenlândia e na China, os paleontólogos só saberiam sobre organismos dotados de conchas e esqueletos, como os braquiópodes, os trilobitas e as esponjas. O folhelho Burgess ampliou nosso conhecimento da vida durante o Cambriano de muitas maneiras: revelou clãs inteiros de seres semelhantes a vermes, alguns relacionados aos vermes aquáticos e subterrâneos, outros aparentemente únicos e difíceis de associar com os animais modernos. O folhelho Burgess também mostra as patas com felpas e as brânquias dos trilobitas, suas bocas e órgãos internos e sensoriais, e revela estranhos animais aquáticos similares a girinos que têm espinhas dorsais primitivas e, portanto, são próximos de nossos próprios ancestrais.

Igualmente famosos são os sítios de preservação excepcional na província de Liaoning, no Nordeste da China. Estes remontam a 125 milhões de anos e produziram fósseis espetaculares de aves (e dinossauros) com penas e órgãos internos, mamíferos com pelos, peixes com brânquias e órgãos, e um sem-número de vermes, águas-vivas e outros seres de corpo mole que habitavam esses lagos chineses antigos (ver figura 2).

Há dezenas de sítios como esse espalhados de modo bastante aleatório no tempo e no espaço. Mas por que eles existem, e como essas estruturas moles são preservadas? A maioria desses sítios vem de épocas e lugares em que o oxigênio era limitado. Lagos e oceanos profundos às vezes perdem o conteúdo normal de oxigênio das águas, se, por exemplo, houver um crescimento drástico de algas e de outras plantas flutuantes na superfície, chamado explosão de algas. Isso ocorre em condições mornas, e os lagos e oceanos podem ficar temporariamente estagnados. A estagnação das águas pode, por sua vez, matar seres aquáticos e animais que rastejam pelo lodo do fundo. A falta de oxigênio também pode significar que os

2. Espécime de dinossauro pequeno – o *Microraptor* – excepcionalmente bem preservado, pertencente ao Cretáceo Inferior, encontrado na província de Liaoning, na China.

seres detritívoros normais não conseguem sobreviver, e assim as carcaças não são totalmente limpas.

Os experimentos demonstram que, em condições *anóxicas*, isto é, pobres em oxigênio, os tecidos moles – até mesmo músculos, intestinos e globos oculares – podem ser invadidos por minerais oriundos dos fluidos corpóreos dos animais ou dos sedimentos à sua volta. São processos típicos de mineralização muito rápida, em que as fibras de um músculo, ou os tecidos complexos de uma brânquia ou de um estômago, são invadidos e substituídos em horas ou, no máximo, em dias. Uma vez mineralizadas, as réplicas de tecidos moles podem sobreviver até os dias de hoje.

Zepelins vivos? Qualidade do registro

Como a maioria dos paleontólogos, às vezes me sento na cama durante a noite e me pergunto se o registro fóssil é informativo ou não. Charles Darwin escreveu sobre a "imperfeição do registro geológico" e estava bem ciente de que a maioria dos organismos nunca são fossilizados, e por isso os paleontólogos não têm acesso a grande parte da vida primitiva. Mas a pergunta é: quanto está faltando? Será 50%, 90% ou 99,99999%? Isso, é claro, nunca poderá ser determinado. Uma pergunta mais sensata seria: quão adequado é o registro fóssil?

Os paleontólogos especulam que pode haver setores inteiros de vida extinta dos quais não sabemos nada a respeito. E se houvesse uma classe diversa de animais flutuantes, constituídos de materiais extremamente leves e dotados de grandes bexigas que se enchessem de gases mais leves do que o ar? Esses seres poderiam ter tido muitos metros de comprimento, talvez fossem tão compridos quanto aeronaves dirigíveis, também conhecidos como zepelins durante a Segunda Guerra Mundial. Esses animais dirigíveis, sendo tão grandes, poderiam muito bem ter dominado a Terra e ainda assim ter escapado totalmente da fossilização. O tecido de seu corpo poderia ter sido tão leve que apodreceria após sua morte. Suas bexigas de gás estourariam e desapareceriam durante a queda. Além disso, viver no ar significa que, em geral, suas carcaças teriam caído sobre a superfície da Terra, e por isso raras vezes teriam sido cobertas com sedimentos.

Os paleontólogos não têm como detectar tais animais extintos hipotéticos. Entretanto, pode-se presumir que existiram outros seres de corpo mole. Por exemplo, hoje há muitos *filos*, ou grupos principais, de seres semelhantes a vermes – nematódeos, platelmintos, gastrotrichas, sipunculídeos e outros – que não têm representantes fósseis conhecidos. E ainda assim, uma vez que eles existem na atualidade, e que podemos determinar sua relação evolutiva com outros organismos que possuem concha ou esqueleto, sabemos a extensão de seus registros fósseis faltantes. Se um grupo de vermes de corpo mole é o parente mais próximo de outro ser vermiforme com uma concha, ambos os grupos devem ter existido pelo mesmo período de tempo; seu ancestral comum deve ter vivido em uma determinada época e o registro fóssil do grupo que possui concha estabelece uma idade mínima para ambos os grupos. O registro fóssil do grupo de corpo mole que sabemos que está faltando é chamado de *faixa fantasma*.

Em outras palavras, a faixa fantasma é a parte do registro fóssil faltante que podemos prever com alguma certeza.

O que nos dizem os sítios de preservação excepcional? Se eles preservam mais ou menos tudo que viveu na época – tanto os seres de corpo mole quanto os de corpo duro –, podem ser usados como parâmetro para verificar o registro fóssil "normal". Parece que os sítios excepcionais antigos, como o folhelho Burgess, dizem mais sobre os grupos desconhecidos do que os sítios mais recentes, como os depósitos fósseis de Liaoning, na China. De fato, os organismos de corpo mole de Liaoning – vermes, águas-vivas, insetos e similares – são todos completamente previsíveis com base em outros fósseis conhecidos e em faixas fantasma.

Os paleontólogos dedicaram-se incansavelmente a recuperar fósseis. Com o passar do tempo, parece que descobrir algo novo hoje requer muito mais esforço do que há um século. De fato, pouco mudou em nosso conhecimento sobre os registros fósseis desde a época de Darwin. Nos anos 1850, os paleontólogos sabiam sobre trilobitas e amonites, fósseis de peixes, dinossauros e mamíferos. Eles nada sabiam sobre a primeira vida do Pré-Cambriano e também não conheciam muito a respeito da evolução humana. Mas o fato de que nem trilobitas nem seres humanos foram encontrados na Era dos Dinossauros, e tampouco foram encontrados outros fósseis em lugares realmente inesperados, indica que o registro é mais ou menos bem conhecido. Nosso trabalho agora é simplesmente dar forma aos detalhes.

Mas isso ainda não nos diz nada sobre os zepelins gigantes...

Moléculas e a história da vida

Pode parecer inesperado abordar a biologia molecular neste momento. Mas, assim como os historiadores se apoiam em evidências paralelas – os artefatos e os registros escritos –, também o fazem os que estudam a história da vida. Até os anos 1960, havia apenas fósseis; depois, também houve moléculas, embora isso provavelmente tenha desagradado a maioria dos paleontólogos da época.

Em um estudo extraordinário publicado em 1962, por Emil Zuckerkandl e Linus Pauling, nos anais um tanto obscuros de uma conferência, nasceu o *relógio molecular*. A biologia molecular surgira dez anos antes quando, em 1953, James Watson e Francis Crick anunciaram a estrutura do DNA – ácido desoxirribonucleico –, o composto químico que forma os genes e é a base do código genético. Em 1963, diversas proteínas, como a hemoglobina – proteína que carrega oxigênio no sangue e o torna vermelho –, já haviam sido sequenciadas, isto é, sua estrutura detalhada havia sido determinada, e a nova classe de biólogos moleculares observara algo extraordinário. As proteínas de diferentes espécies de animais não eram idênticas e suas estruturas diferiam mais entre espécies com relação distante. Em outras palavras, as moléculas de hemoglobina dos seres humanos e dos chimpanzés eram idênticas, mas a hemoglobina de um tubarão era muito diferente.

Zuckerkandl e Pauling deram o bravo salto de propor, com base em evidências muito limitadas na época, que a quantidade de diferença era proporcional ao tempo. A diferença insignificante entre a hemoglobina humana e a de chimpanzés mostravam que as duas espécies haviam se diferenciado há pouco tempo, em termos geológicos, ao passo que os 79% de diferença entre a hemoglobina humana e a dos tubarões apontava para uma divergência há 400 milhões de anos ou mais.

Nos anos 1960, o sequenciamento de proteínas era um processo trabalhoso, e os novos dados surgiam devagar, porém, em 1967 a hemoglobina dos grandes macacos era suficientemente conhecida para que se fizesse a primeira tentativa de construir uma árvore evolutiva. Nascia a ciência da filogenética molecular. Vincent Sarich e Allan Wilson, em um artigo de três páginas na publicação norte-americana *Science*, estabeleceram as relações de parentesco entre humanos e macacos, e demonstraram que nosso parente mais próximo era o chimpanzé, seguido do gorila e do orangotango. Isso não era tão inesperado, e concordava com o padrão de parentesco determinado com base em estudos de anatomia. A parte surpreendente do artigo era que o relógio molecular dizia que humanos e chimpanzés divergiram há apenas 5 milhões de anos.

Os paleontólogos se dividiam entre confusos e horrorizados. A maioria descartou a nova técnica: afinal, se produzia resultados tão absurdos, claramente não funcionava. Todos sabiam que os humanos e os chimpanzés haviam se separado há cerca de 15-20 milhões de anos, com base nos estudos dos driopitecos e de outros fósseis do Mioceno africano similares a humanos. Outros levaram o método a sério, mas estavam igualmente infelizes com os resultados.

Conforme cresciam os conjuntos de dados sobre as proteínas, mais mamíferos eram incluídos na árvore, e as datas das ramificações pareciam um tanto razoáveis para a maioria dos outros grupos. Isso aumentou o nervosismo dos paleontólogos, que se viam diante de um dilema: aceitamos a nova data molecular ou insistimos nas evidências fósseis consagradas? Pouco a pouco, eles foram percebendo que a data molecular provavelmente estava certa. Um estudo mais atento dos fósseis mostrou que eles tinham sido interpretados erroneamente. As características supostamente "humanas" dos driopitecos e de fósseis similares correspondiam, na verdade, aos ancestrais comuns aos humanos e aos macacos africanos. Portanto, não diziam nada a respeito do momento real de divergência. Desde os anos 1970, novas descobertas na África têm demonstrado que a divergência entre os humanos e os chimpanzés deve ter ocorrido há pelo menos 6 ou 7 milhões de anos.

Hoje, os biólogos moleculares interessados na *árvore da vida* – o importante padrão de parentesco que relaciona todas as espécies – usam sequências de DNA. O sequenciamento de proteínas é lento, e as evidências, limitadas. O DNA, o código genético, fornece muito mais informações, e novas técnicas desenvolvidas nos anos 1980 tornaram o sequenciamento quase automático. Atualmente, os computadores também podem processar enormes volumes de dados, e os sequenciadores são capazes de processar longos segmentos de código genético – consistindo em muitos genes, e para dezenas ou centenas de espécies – para produzir padrões de parentesco para grupos específicos ou para grandes setores da vida. É possível estimar o genoma de, digamos, vinte espécies de lagartos e desenhar uma árvore que documente a evolução durante um período de, talvez, 10 milhões de anos. Da mesma forma, o analista pode selecionar, por exemplo, vinte espécies dentre todas as formas de vida – um humano, um tubarão, um molusco, uma árvore, uma samambaia, uma bactéria – e descobrir uma árvore de parentesco que recue muitíssimo no tempo.

Mas onde é que entram os fósseis em tudo isso?

Cladística

Lembro que quando participei pela primeira vez de um encontro científico – uma reunião da Sociedade para Paleontologia Vertebrada e Anatomia Comparativa da University College de Londres, em 1976 – eu, na época um estudante universitário, fiquei pensando se algum dia voltaria. Enquanto eu observava ansioso, os grandes feras no assunto discutiam calorosamente sobre algo chamado "cladística". Eu nada sabia a respeito; na época, esse assunto não era ensinado na graduação. Uma pessoa afirmava com fervor que todos deveriam adotar a nova técnica. Outra dizia que era completamente sem sentido, até mesmo uma conspiração marxista para derrubar o método científico. Voltei às aulas hesitante, indagando se minha decisão de ser um paleontólogo profissional era equivocada. Eles eram todos loucos?

Lendo por aí, descobri que a cladística fora promulgada por um entomólogo alemão, Willi Hennig. Ele escrevera a respeito da técnica nos anos 1950, mas esta só chamou a atenção quando o livro foi traduzido para o inglês e reeditado em 1966. No entanto, de 1966 a 1980, apenas um grupo muito pequeno de verdadeiros crentes adotou o método, que de forma alguma se tornou a corrente dominante. Hennig afirmava apaixonadamente que os *sistematas* – os biólogos e paleontólogos interessados nas espécies e na árvore da vida – deveriam ser mais objetivos em seus métodos.

Até a época de Hennig, os sistematas tinham tentado desenhar árvores de parentesco com base em uma análise criteriosa das evidências de caráter. Um *caráter* biológico é toda característica observável em um organismo – "presença de penas", "presença de quatro dedos", "penas azuis iridescentes no topo da cabeça", "múltiplas flores em cada pedúnculo" – e os sistematas há muito compreenderam que se dois organismos compartilham um caráter, eles podem muito bem estar relacionados. O problema sempre foi a *convergência*, a conhecida observação de que organismos não relacionados poderiam desenvolver características similares de maneira independente. Insetos, pássaros e morcegos têm asas, mas ninguém jamais sugeriu que isso era indício suficiente para agrupar esses organismos como parentes próximos: em detalhe, suas asas têm estruturas anatômicas bem distintas, e portanto eles as desenvolveram de maneira independente, ainda que para o mesmo propósito. Mas como os sistematas deveriam distinguir a convergência de características que eram de fato compartilhadas e evolutivamente idênticas?

Este era o argumento de Hennig: eram necessárias técnicas objetivas para distinguir características compartilhadas de convergências, mas também para distinguir as características "primitivas" herdadas daquelas que realmente marcavam um determinado ponto de ramificação. Portanto, embora seja verdade que os humanos e os chimpanzés compartilham o caráter "mão com cinco dedos", e que isso não seja uma convergência, o caráter não é útil para determinar o ponto de ramificação entre as duas espécies. De fato, basicamente todos os vertebrados terrestres têm uma mão com cinco dedos – lagartos, crocodilos, dinossauros, ratos, morcegos e assim por diante. Hennig identificou o ponto crucial, que as características anatômicas tinham de ser evolutivamente únicas (não convergentes) e tinham de ser determinadas no nível correto da árvore evolutiva antes que pudessem ser consideradas úteis. Ele nomeou tais características de *sinapomorfias*, às vezes expressadas como "características derivadas compartilhadas". (A escrita de Hennig, em qualquer idioma, é densa, e ele gostava de inventar palavras compridas – nenhuma das quais o ajudou a ganhar adeptos.)

O conceito de sinapomorfia de Hennig é similar à noção clássica de *homologia*, ou seja, qualquer estrutura que compartilhe um padrão comum fundamental devido à ancestralidade comum – como o braço humano, a asa de um morcego e a barbatana de uma baleia. Esses membros podem ter funções diferentes hoje, mas todos eles têm em comum os mesmos ossos e músculos em seu interior, e agora sabemos que evoluíram a partir dos membros anteriores ancestrais do primeiro mamífero.

Desde os anos 1970, os sistematas passaram a usar cada vez mais a cladística em seu trabalho. Afinal, não havia alternativa – as técnicas mais antigas eram realmente inspiradas em conjeturas. A aceitação veio, em grande parte, por um motivo que Hennig não poderia ter previsto: o aumento da capacidade e da facilidade de uso dos computadores. O segredo para a cladística é a *matriz de carateres*, uma listagem de todas as espécies de interesse e a codificação de suas características (1 para indicar presença, 0 para ausência). Múltiplas verificações cruzadas em toda a matriz, e repetidas execuções de análise, forneceram os métodos estatísticos para avaliar qual árvore ou árvores explicam melhor os dados, e a probabilidade de que sinapomorfias fossem corretamente identificadas ou não. Na prática, houve muitos problemas, mas os métodos cladísticos hoje são onipresentes, e as análises repetidas por diferentes analistas permitem que as árvores publicadas sejam testadas e confirmadas ou rejeitadas.

O grande salto à frente

Os paleontólogos estão cientes de que seu campo se transformou imensamente desde os anos 1960, porém a atenção do público se voltou para outros temas – a corrida espacial, a engenharia genética, a informática, a nanociência, a mudança global. Mas a cladística e a filogenia molecular introduziram novo rigor à elaboração de árvores evolutivas. Enquanto nos anos 1950 e 1960 um paleontólogo fazia o possível para construir uma árvore "ligando os pontos" – associando animais de aparência similar ao longo do tempo –, hoje há muitas árvores da evolução dos diferentes grupos deduzidas de forma independente, algumas baseadas em diferentes genes, outras, em diferentes combinações de fósseis e dados recentes sobre anatomia. Mas elas coincidem?

A descoberta surpreendente é que, na maioria das vezes, as árvores moleculares e as paleontológicas concordam umas com as outras. As duas abordagens são bastante independentes, e por isso é possível comparar, por exemplo, uma árvore baseada em sequências moleculares de roedores modernos com uma árvore construída por meio da medição dos dentes e de outras características anatômicas de espécies vivas e extintas. Inevitavelmente, todos ouvem falar dos casos em que os resultados não coincidem. Nos primeiros dias de sequenciamento molecular, surgiram alguns resultados estranhos, mas os métodos eram novos, e se cometiam erros facilmente. Esses resultados estranhos são raros hoje. Em alguns casos, os paleontólogos admitiram humildemente que foram totalmente incapazes de resolver certas partes da árvore evolutiva, e as moléculas dão uma resposta inequívoca de imediato. Em outros casos, ainda não há solução e se requer mais trabalho. Algumas partes da grande árvore da vida podem permanecer um mistério para sempre, talvez porque o ritmo da evolução foi tão rápido que as características não se acumularam, ou os pontos de ramificação são tão antigos que a evolução posterior eliminou os indícios que os relacionavam.

O terceiro avanço metodológico ou tecnológico foi na datação das rochas. Desde os anos 1960, o processo de datação se tornou muito mais preciso, e as sequências das rochas e dos acontecimentos podem ser comparadas com mais precisão do que antes. Mas podemos examinar isso mais tarde. É hora de começar a história.

Capítulo 1
A origem da vida

> Como regra geral, portanto, todos os testáceos crescem na lama por geração espontânea, diferindo uns dos outros de acordo com as diferenças do material; ostras crescem em limo, e bivalves e os outros testáceos antes mencionados, em leitos de areia; e nas cavidades das rochas os ascídios e as cracas, e tipos comuns, como as lapas e as neritas.
>
> Aristóteles, *História dos animais*

Desde os primórdios, as pessoas se perguntam sobre a origem da vida. Os antigos gregos e romanos se dedicaram ao assunto e tiveram muitas ideias. A maioria, como Aristóteles (384-322 a.C.), centrou-se na ideia de *geração espontânea*, um processo que, segundo acreditavam, acontecia no presente, e que supostamente acontecera quando a vida surgiu pela primeira vez. Conforme escreve Aristóteles no trecho acima, ele acreditava que todos os moluscos marinhos surgiam espontaneamente da lama, da areia e do limo no fundo do mar e nas rochas costeiras. Ele teceu hipóteses similares sobre outras formas de vida: traças surgiam de roupas de lã, insetos de jardim surgiam do orvalho da primavera ou de madeira em decomposição, e muitos peixes surgiam da espuma na superfície do oceano. Tais visões predominaram até o século XIX.

Louis Pasteur (1822-1895) demonstrou brilhantemente e de modo conclusivo que a vida não podia surgir por geração espontânea. Ele repetiu experimentos que já haviam sido realizados, mas fez um grande esforço para excluir todas as possibilidades de contaminação. Estudiosos anteriores tinham passado pelo processo de ferver um caldo de água e feno em frascos vedados para matar qualquer coisa que vivesse na água ou no ar dentro dos frascos. Mas, apesar dessas precauções, eles ainda encontraram organismos microscópicos vivendo na água e Pasteur afirmou que os germes entravam nos recipientes quando estes eram esfriados em uma tina de mercúrio. Então ele repetiu os experimentos, esterilizando os utensílios de vidro e a água nos frascos, mas também garantindo que o ar do laboratório não entrasse nas misturas de refrigeração. Com o ar excluído, nada vivo foi detectado na água fervida, mesmo muitos meses depois.

A idade da Terra

A morte da geração espontânea não foi o único problema para os cientistas interessados em estudar a origem da vida por volta de 1900. Eles também não tinham fósseis verdadeiramente antigos com que trabalhar, e nenhuma ideia real da idade da Terra, nem dos principais acontecimentos que podem ter precedido a origem da vida. Havia uma visão amplamente aceita de que a Terra era algo como uma enorme bola de ferro – ferro é um dos elementos químicos mais comuns – que um dia derretera e então esfriara. De fato, William Thomson, mais tarde Lord Kelvin (1824-1907), o célebre físico do fim da Era Vitoriana, usou essa hipótese e o conhecimento de termodinâmica para especular que a Terra só se formou há 20-40 milhões de anos.

Essa visão de que a Terra era relativamente jovem influenciou muitas pessoas na virada do século XX. Não importava que os biólogos e geólogos estivessem muito insatisfeitos com essa estimativa; o principal físico da época assim o afirmara e baseara suas evidências em cálculos seguros. Charles Darwin há muito supusera, por exemplo, que a Terra devia ter centenas ou milhares de anos, embora nunca tenha especulado com mais rigor que isso. Entretanto, ele observou que as rochas da costa sul da Inglaterra se acumularam muito devagar, compostas de muitos milhões de finas camadas, cada uma representando, talvez, um ano ou um século. Outros geólogos tinham opiniões similares, com base no cálculo do tempo que levava para acumular as

Éon	Era	Período	
Fanerozoico	Cenozoico	Quaternário	
		Terciário	Neógeno
			Paleógeno
	Mesozoico	Cretáceo	
		Jurássico	
		Triássico	
	Paleozoico	Permiano	
		Carbonífero	Pensilvaniano
			Mississipiano
		Devoniano	
		Siluriano	
		Ordoviciano	
		Cambriano	
Pré-Cambriano	Proterozoico		
	Arqueano		
	Hadeano		

3. Escala de tempo geológico.

Época	Origens	
Holoceno	0,01	*Homo*
Pleistoceno	1,8	
Plioceno	5,3	Símios antropomorfos e humanos
Mioceno	23,0	
Oligoceno	33,9	Ordens modernas de animais e plantas
Eoceno	55,8	
Paleoceno	65,0	
SUPERIOR	145	Plantas com flores
INFERIOR		
SUPERIOR		Afloramento dos répteis
MÉDIO		Aves
INFERIOR	200	
SUPERIOR		Coníferas
MÉDIO		Mamíferos, dinossauros
INFERIOR	252	
SUPERIOR		Répteis similares a mamíferos
INFERIOR	299	
SUPERIOR	318	Florestas de plantas com sementes Répteis
INFERIOR	359	
SUPERIOR		Anfíbios, insetos, plantas
MÉDIO		
INFERIOR	416	
SUPERIOR		Peixes
INFERIOR	444	
SUPERIOR		Colonização da terra
MÉDIO		
INFERIOR	488	
SUPERIOR		Maioria dos filos modernos
MÉDIO		
INFERIOR	542	
		Animais de corpo mole
	2500	Algas
		Bactérias
	4000	
	4560	

rochas sedimentares, como calcários e lamitos, ou do tempo que pode ter levado para os oceanos se separarem do magma original e então se tornarem salgados.

Ironicamente, Kelvin viveu durante as descobertas cruciais que mostrariam que sua visão física da Terra era demasiado simplista, mas ele era relutante à mudança. Em 1896, Henri Becquerel (1852-1908) descobriu a radioatividade – a propriedade de certos elementos químicos, como o urânio, o rádio e o polônio, de emitir radiação e mudar seu número atômico –, e sua descoberta transformou tudo. Os elementos *radioativos,* ao emitir radiação, podem se *desintegrar* em outro elemento. Na desintegração radioativa, o elemento *pai*, como o urânio, desintegra-se em outro elemento, chamado *filho*, como o tório, em um certo período de tempo.

A descoberta da radioatividade causou entusiasmo em todo o mundo da física, e apenas quatro anos mais tarde, Ernest Rutherford (1871-1937) e Frederick Soddy (1877-1956) mostraram que a desintegração radioativa é *exponencial*, isto é, a quantidade de material radioativo cai pela metade em períodos fixos de tempo. Em outras palavras, mil átomos de urânio se reduzem a 500 em certo intervalo de tempo, esses 500 a 250 no mesmo período de tempo, e então a 125, e assim por diante. Três anos mais tarde, na audiência de um Lord Kelvin envelhecido e um pouco excêntrico, Ernest Rutherford afirmou que a desintegração radioativa poderia fornecer um relógio geológico. Ele defendeu que, se os cientistas medissem o tempo que leva para que metade da quantidade do elemento radioativo pai se decomponha no elemento filho, um intervalo desde então chamado de *meia-vida*, as medições das proporções entre o elemento pai e o filho em uma amostra de rocha adequada poderiam, então, fornecer uma estimativa da idade da rocha.

A ideia de Rutherford foi colocada em prática incrivelmente rápido. Num desempenho brilhante, o jovem geólogo britânico Arthur Holmes (1890-1965), com apenas 21 anos na época, publicou as primeiras estimativas de idade para rochas em 1911: suas datas estimadas variavam de 340 milhões de anos (uma rocha carbonífera) a 1,64 bilhão de anos (uma rocha pré-cambriana). Estas não estão muito distantes das estimativas da idade moderna (ver figura 3). Observe-se que os primeiros nove décimos da história da Terra são chamados de pré-cambrianos, porque precedem o período Cambriano: termo um tanto apologético, ou negativo, para um intervalo tão vasto da história da Terra, mas que hoje está instituído e não pode ser mudado facilmente.

Depois que se fizeram as primeiras estimativas muito rudimentares, Holmes e muitos outros trabalharam duro para aprofundar sua compreensão das medições de idade. A química e a física foram muito revisadas, de modo que já em 1927 Holmes foi capaz de produzir um resumo aceitável das principais datas da história da Terra. Ele afirmava que a idade da Terra era de 1,6 a 3 bilhões de anos. No mesmo ano, Rutherford sugeriu 3,4 bilhões de anos e, na década de 1950, a idade da Terra foi estimada em 4,5 a 6 bilhões de anos, o número atualmente aceito. Foi, e continua sendo, difícil determinar a data exata da origem da Terra porque as rochas se encontravam supostamente derretidas na época, e portanto não há cristais solidificados cuja data possa ser determinada.

Tornando a Terra habitável

Há certo debate sobre quando a Terra se tornou habitável: levou 200 ou 600 milhões de anos? A maioria dos geólogos defende a última teoria: afinal, a superfície inicialmente derretida teve de esfriar a menos de 100 graus, ou então todo composto orgânico teria se extinguido. A vida baseia-se em carbono, hidrogênio e oxigênio, e todos eles permanecem em estado gasoso em altas temperaturas. É claro que a água ferve a 100 graus, e a vida é essencialmente água (H_2O) com carbono.

O Sol e os planetas que o acompanham se formaram há cerca de 4,6 bilhões de anos a partir de gases nos quais as gerações anteriores de estrelas cuspiram não só hidrogênio e hélio, como também pequenas quantidades de carbono, oxigênio e outros elementos formados em seu centro. No início, a Terra era uma massa derretida, mas ela esfriou, separando-se em uma crosta fria externa e um centro e manto derretido interno. O ferro, mais pesado, afundou para o centro, ao passo que elementos mais leves, como o silício, saíram à superfície. Levou cerca de 50 milhões de anos para a separação ocorrer, e a Lua pode ter se desprendido nessa época, o resultado, segundo se supõe, de uma colisão com um enorme planetoide. Inúmeras erupções vulcânicas racharam as rochas semiderretidas ricas em silício na superfície da Terra e produziram um grande volume de gases: dióxido de carbono, nitrogênio, vapor d'água e sulfeto de hidrogênio. As temperaturas na superfície da Terra eram muito altas, e a crosta muito instável, para que existisse qualquer forma de vida à base de carbono. Nessa época, o registro de crateras na Lua indica que a Terra sofreu alguns choques violentos, impactos de grandes cometas ou asteroides que teriam fornecido energia suficiente para transformar o oceano em vapor. Assim, se a vida tivesse começado há mais de 4 bilhões de anos, provavelmente teria sido eliminada, para então recomeçar.

Conforme a superfície da Terra esfriava, a *litosfera* – que compreende a crosta rochosa e a parte mais externa do manto terrestre – começou a se diferenciar como uma camada superior mais fria acima da *astenosfera*. Quando a litosfera rochosa se formou, e a crosta superior se dividiu em placas que se moviam pela convecção do manto, lentas emanações circulares de calor que saíam das profundezas do manto se moveram lateralmente conforme se aproximavam da base da crosta sólida mais fria e iniciaram a grande jornada das placas tectônicas da Terra.

Os geólogos continuam procurando as rochas mais antigas da Terra, sempre expandindo os limites do possível (não se pode determinar a data de origem de rochas derretidas e as margens de erro em datas se tornam muito grandes quando se tenta determinar datas antigas).

Afirma-se que a rocha mais antiga da Terra é a Gnaisse Acasta, encontrada nos Territórios do Noroeste do Canadá, que data de mais de 4 bilhões de anos. Essa é uma rocha metamórfica e presume-se que a datação reflete a idade do granito mais antigo de que é composta. Ainda mais antigos são os cristais de zircônio das formações rochosas de Jack Hills, na Austrália, que datam de 4,4 bilhões de anos. Esses minerais poderiam realmente ter sido sólidos e até mesmo se acumulado sob a água, naquela época? Seus descobridores afirmam que sim, enquanto outros não acreditam que a Terra possa ter esfriado o suficiente para que a água existisse tão cedo depois de sua formação.

Considera-se que as rochas sedimentares mais antigas são as do cinturão de Isua, na Groenlândia, datadas de 3,8 a 3,7 bilhões de anos. Não há dúvida de que havia água na Terra nesse momento, e de que algumas das rochas do cinturão de Isua realmente são formadas de areia acumulada, depositada sob a água e proveniente de outras fontes rochosas mais antigas. Afirmou-se que essas rochas sedimentares mais antigas também contêm vestígios de vida, mas essa afirmação é ainda muito controversa.

Vestígios de vida primitiva

Em 1996, Stephen Mojzsis, então um estudante de graduação do Instituto Scripps de Oceanografia em La Jolla, Califórnia, fez uma surpreendente declaração na revista *Nature*. Ele dizia ter identificado uma clara assinatura química para a vida em compostos de carbono nas rochas do cinturão de Isua. Ele havia analisado minúsculos grãos de grafite – uma forma de carbono – nas rochas e encontrara uma proporção atipicamente elevada de carbono-12. O átomo de carbono tem dois isótopos estáveis, o carbono-12 e o carbono-13. A relação entre essas duas formas de carbono pode indicar a presença ou ausência de resíduos orgânicos de organismos vivos: o enriquecimento do carbono-12 em comparação com o carbono-13 é característico de organismos fotossintetizantes, e dos organismos que se alimentam deles. Mojzsis estava confiante de que havia identificado vida: "Nossas evidências estabelecem, sem sombra de dúvida, que a vida surgiu na Terra há pelo menos 3,85 bilhões de anos, e esse não é o fim da história. Podemos muito bem descobrir que a vida existiu até mesmo antes disso".

Se a interpretação estiver correta, os grãos de grafite nas rochas do cinturão de Isua provam que acontecia fotossíntese 3,85 bilhões de anos atrás. A *fotossíntese* é o processo pelo qual as plantas verdes convertem a energia da luz solar em alimento. O dióxido de carbono e a água se combinam e produzem o oxigênio, geralmente exalado como gás, e açúcares, que constituem os blocos de construção da planta. Entretanto, na primeira parte da história da Terra, esses organismos fotossintetizantes não eram árvores ou flores, mas, supostamente, simples micróbios conhecidos como cianobactérias.

Outros pesquisadores refutaram com veemência essa interpretação. Eles observaram, por exemplo, que o grafite de Isua não estava nas rochas sedimentares da área, e sim nas rochas metamórficas. De fato, as rochas sedimentares de Isua continham uma proporção relativamente baixa de grafite. A explicação alternativa foi, então, que os grafites de Isua teriam origem inorgânica e secundária e podem ter-se formado pelo aquecimento do carbonato de ferro. Um dos críticos, Roger Buick, da Universidade de Washington, Seattle, disse que "essas rochas foram enterradas e aquecidas pelo menos três vezes; foram também, pelo menos em três momentos distintos, severamente comprimidas, esticadas e amalgamadas".

Os grafites de Isua continuam sendo apresentados como evidência para o início da vida e os debates continuam inflamados. Mas como isso ecoa nas atuais concepções teóricas sobre a origem da vida?

A teoria bioquímica para a origem da vida

Há muitas hipóteses para a origem da vida, todas baseadas em um entendimento de como funcionam os organismos vivos mais simples ainda existentes. A primeira teoria "moderna" para a origem da vida foi apresentada nos anos 1920, de forma independente, por dois cientistas notáveis, o bioquímico russo Aleksander Ivanovich Oparin (1894-1980) e o biólogo evolucionista britânico John Burdon S. Haldane (1892-1964). Oparin e Haldane compartilham o mérito de serem cofundadores independentes da chamada teoria bioquímica da origem da vida, normalmente conhecida pelos sobrenomes dos cientistas.

De acordo com essa teoria, a vida pode ter surgido por uma série de reações químicas orgânicas que produziram estruturas bioquímicas cada vez mais complexas. Eles propuseram que os gases comuns na atmosfera primitiva da Terra se combinaram para formar substâncias orgânicas simples, e que estas, por sua vez, se combinaram formando moléculas mais complexas. Depois, as moléculas complexas se separaram do meio à sua volta e adquiriram algumas das características dos organismos vivos. Elas se tornaram capazes de absorver os nutrientes, de crescer, de se dividir (se reproduzir), e assim por diante. A teoria de Oparin e Haldane não foi testada até os anos 1950.

Em 1953, Stanley Miller (1920-2007), então um orientando de Harold Urey (1893-1981) na Universidade de Chicago, fez um modelo da atmosfera e do oceano précambrianos em um recipiente de vidro de laboratório. Ele expôs uma mistura de água, metano, amônia e hidrogênio a descargas elétricas, para imitar raios, e depois de alguns dias encontrou uma lama marrom na garrafa. Essa mistura continha açúcares, aminoácidos e nucleotídeos. Assim, Miller tinha aparentemente recriado as duas primeiras etapas da teoria de Oparin e Haldane, misturando os elementos básicos para a produção de compostos orgânicos simples, e então combinando-os para produzir os blocos de construção das proteínas e dos ácidos nucleicos.

Deve-se observar que, segundo os críticos, a mistura de gases usada por Miller (com um alto percentual de hidrogênio e de metano), era bem diferente da atmosfera que provavelmente existira na Terra primitiva. O hidrogênio da atmosfera é, basicamente, reabastecido pela mistura de gases liberados da Terra sólida, mas a geoquímica da subsuperfície denota que a mistura geral deve conter a forma oxidada de hidrogênio – isto é, vapor d'água, H_2O – em vez da grande quantidade de gás de hidrogênio livre na atmosfera recriada por Miller.

Experiências posteriores nas décadas de 1950 e 1960 levaram à produção de polipeptídios, polissacarídeos e outras grandes moléculas orgânicas, o próximo passo na sequência hipotética. Sidney Fox, na Universidade do Estado da Flórida, chegou a criar estruturas semelhantes a células, em que uma sopa de moléculas orgânicas era recoberta por uma membrana. Suas "protocélulas" pareciam se alimentar e se dividir, mas não sobreviviam por muito tempo, e portanto não estavam vivendo, apesar do alarde feito pela imprensa na época.

Numa recente releitura da clássica teoria bioquímica de Oparin e Haldane, Euan Nisbet, da Universidade de Londres, e Norman Sleep, da Universidade de Stanford, propuseram, em 2001, a teoria hidrotérmica para a origem da vida. De acordo com essa hipótese, o antepassado de todos os seres vivos era um hipertermófilo, um organismo simples que vivia em condições excepcionalmente quentes. A transição dos aminoácidos isolados ao DNA pode então ter acontecido em um sistema de água termal relacionado com vulcões ativos, em vez de numa sopa primordial na superfície do oceano. Atualmente, existem na Terra dois tipos principais de sistemas de água termal: as "fumarolas negras", encontradas nos oceanos profundos acima das cristas médio-oceânicas, onde o magma encontra a água do mar, e fumarolas e piscinas quentes que são alimentadas por águas pluviais e são encontradas nas proximidades de vulcões ativos.

Mundo do RNA

Os biólogos nunca estiveram totalmente convencidos de alguns aspectos da teoria de Oparin e Haldane. Eles apontaram, por exemplo, que as duas funções elementares de todo ser vivo são a capacidade de transmitir informações de uma geração para a seguinte – ou seja, ele deve possuir algum tipo de código genético – e a capacidade de realizar reações químicas – digerir alimentos, por exemplo. Estas são, respectivamente, as funções dos genes e das enzimas. Os *genes* são segmentos do código genético, escritos na sequência de bases do DNA (ácido desoxirribonucleico), que especificam determinadas funções. As *enzimas* são substâncias químicas que estimulam ou catalisam reações químicas. O enigma era determinar se a vida se originou seguindo um modelo de "primeiros genes" ou de "primeiras enzimas".

A solução parece ser a de que talvez as duas funções tenham surgido ao mesmo tempo. Em 1968, Francis Crick (1916-2004) propôs que o RNA foi a primeira molécula genética. Ele afirmou que o RNA poderia ter a propriedade única de atuar tanto como um gene quanto como uma enzima; desse modo, o próprio RNA poderia ser um precursor da vida. O RNA (ácido ribonucleico) é um dos ácidos nucleicos e tem papel fundamental na *síntese de proteínas* dentro das células. O *código genético* – as instruções básicas que contêm todas as informações para construir um organismo vivo – está codificado nos filamentos de DNA que compõem os cromossomos. Diferentes formas de RNA servem como modelo para traduzir genes em proteínas, para transferir aminoácidos para o *ribossomo* (organela da célula onde ocorre a síntese de proteínas) para formar as proteínas e também para traduzir a transcrição em proteínas.

Quando Walter Gilbert, da Universidade de Harvard, usou pela primeira vez o termo "mundo do RNA", em 1986, o conceito era controverso. Mas a primeira evidência veio logo depois, quando Sidney Altman, da Universidade Yale, e Thomas Cech, da Universidade do Colorado, independentemente, descobriram um tipo de RNA que era capaz de suprimir as partes desnecessárias da mensagem que levava antes de entregá-la ao ribossomo. Uma vez que o RNA estava agindo como uma enzima, Cech chamou sua descoberta de *ribozima*. Isso foi uma constatação tão importante que os dois receberam o Prêmio Nobel de Química em 1989; Altman e Cech confirmaram parte das previsões de Crick.

Mas como poderiam existir moléculas de RNA sem proteção, e como elas poderiam dar origem à vida? A hipótese era de que as moléculas de RNA simples podem ter-se reunido por acaso em piscinas naturais em formações rochosas, seguindo mais ou menos as suposições feitas por Oparin e Haldane, e conforme demonstrado pelo experimento de Stanley Miller. Essas moléculas simples de RNA fundamentalmente existiam e desapareciam, mas talvez uma ou duas tenham sido capazes de se replicar, tornando-se dominantes.

Para que isso culminasse na criação de uma célula viva, pode ter havido duas fases, a produção de uma protocélula pela combinação de dois componentes, uma enzima RNA e uma vesícula autorreplicante (ver figura 4). Isso satisfaz o requisito mínimo de que duas moléculas de RNA devem interagir, uma atuando como enzima para reunir os componentes e a outra atuando como modelo/gene. Juntas, essas moléculas se combinam em uma *replicase de RNA*. No entanto, se não forem reunidas dentro de algum tipo de compartimento ou célula, só ocasionalmente entrariam em contato para trabalhar em conjunto. Essa é a segunda estrutura anterior ao surgimento da vida, denominada *vesícula autorreplicante*: uma estrutura delimitada por uma membrana e composta principalmente de *lipídios* (compostos orgânicos insolúveis em água, incluindo as gorduras), que cresce e se divide de tempos em tempos. Em algum momento, a replicase de RNA entrou numa vesícula autorreplicante, o que lhe permitiu funcionar de modo eficiente (ver figura 4).

Essa é uma protocélula, mas ainda não está viva. É apenas uma membrana autorreplicante com uma molécula autorreplicante independente em seu interior. Para fazer a protocélula funcionar, ambos os componentes devem interagir, a vesícula protegendo a replicase de RNA, e esta, por sua vez, produzindo lipídios para a vesícula. Se a interação

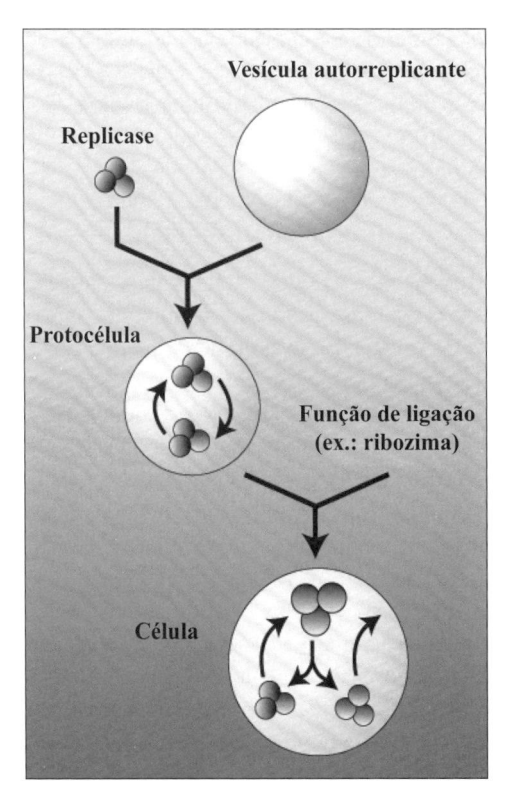

4. Formação de uma protocélula de RNA.

funciona, a protocélula se torna uma célula viva. A célula está viva porque tem a capacidade de se alimentar, crescer e se reproduzir. A evolução pode acontecer porque as células apresentam sobrevivência diferencial ("a sobrevivência dos mais aptos") e as informações genéticas para a replicação estão codificadas no RNA.

Alguns aspectos da hipótese do mundo do RNA foram testados, mas ainda há muito a ser feito. E, de todo modo, o modelo permanece hipotético, pois nenhum desses estágios é passível de ser fossilizado. Se o mundo do RNA existiu, teria de ser anterior aos fósseis mais antigos e a Terra teria de estar fria o suficiente para que os elementos orgânicos sobrevivessem. Alguns estimam que este pode ter sido um período de 100 a 400 milhões de anos, algo entre 4 e 3,5 bilhões de anos atrás.

Os primeiros fósseis

Os fósseis mais antigos parecem datar de cerca de 3,5 milhões de anos atrás. Os fósseis dessa época sempre foram controversos, mas existem dois tipos, os microfósseis e os estromatólitos. Os primeiros fósseis verdadeiramente antigos foram identificados na década de 1950, e a pressão para encontrar espécimes cada vez mais antigos é intensa. Os erros foram frequentes, o que não é surpresa, pois os fósseis mais antigos provavelmente provêm de organismos extremamente simples, e como tais, microscópicos. Não é de admirar que grandes especialistas muitas vezes fossem pegos interpretando em excesso uma bolha ou fragmento mineral qualquer sobre uma lâmina de microscópio, ou até mesmo de penugem ou esporos de uma planta atual.

Não é provável que os fósseis verdadeiramente antigos mais convincentes sejam grandes estruturas chamadas *estromatólitos*. São montes formados em parte de organismos vivos e em parte da acumulação de sedimentos, e existem ainda hoje. Os estromatólitos (ver figura 5a) são compostos de muitas camadas finas que, aparentemente, se acumularam ao longo de anos ou de centenas de anos e constituíram estruturas irregulares em forma de cogumelos ou de repolho. Eles derivam de tapetes microbianos compostos por alguns dos mais simples organismos vivos, denominados *cianobactérias*, e estas, por sua vez, foram chamadas, de forma um tanto enganosa, de algas verde-azuladas. As algas, assim como as macroalgas, têm células avançadas com núcleos, ao passo que as cianobactérias, assim como as bactérias comuns, são formadas de células simples, sem núcleo.

As cianobactérias típicas realizam fotossíntese, e portanto vivem em águas rasas, perto da orla. Hoje, em geral são encontradas em águas extremamente salinas, muitas vezes em regiões tropicais, onde piscinas de água do mar evaporaram parcialmente. Em águas menos salinas, animais herbívoros as comem. O fino tapete microbiano pode às vezes ser inundado por grãos finos de barro, e as cianobactérias crescem através do sedimento para se manter em contato com a luz do sol. Com o tempo, podem se acumular grandes estruturas em camadas. Na maioria dos exemplos de fósseis, os micróbios que as construíram não são preservados, mas a estrutura em camadas permanece. Muitos dos primeiros exemplos se revelaram controversos, mas em geral se aceita que os mais antigos vêm da Austrália e datam de 3,43 bilhões de anos.

Os mais antigos microfósseis aceitos atualmente, sem considerar os estromatólitos, datam de cerca de 3,2 bilhões de anos atrás. Eles foram identificados em 2000, provenientes de um jazigo de sulfuretos maciços na Austrália Ocidental. Os fósseis são filamentos filiformes (ver figura 5b) que podem ser retos, ondulados ou acentuadamente curvos, e até mesmo bem entrelaçados em algumas áreas. A forma geral, a largura uniforme e a falta de orientação tendem a confirmar que estes podem ser realmente fósseis, e não apenas estruturas inorgânicas. Se assim for, eles confirmam que algumas das primeiras formas de vida podem ter sido bactérias *termofílicas* ("amantes do calor"), que viviam no fundo do mar perto de uma estrutura quente que produzia enxofre, tal como previsto na hipótese de Euan Nisbet e Norman Sleep para a origem da vida.

Há um grande lapso de tempo entre os 3,4 bilhões de anos atribuídos aos estromatólitos e aos microfósseis e a descoberta de fósseis mais convincentes. Há alguns exemplares encontrados em rochas na África do Sul que datam de 2,5 bilhões de anos, e o famoso sílex de Gunflint do Canadá, datado em 1,9 bilhão de anos. Os microfósseis de Gunflint incluem seis formas distintas; alguns têm forma de filamentos, outros têm forma esférica, e alguns têm uma estrutura ramificada ou em forma de guarda-chuva. Essas células pré-cambrianas têm forma semelhante a de várias bactérias atuais e algumas foram encontradas dentro de estromatólitos. A mais incomum é a *Kakabekia*, microfóssil em forma de guarda-chuva; é mais parecida com os raros microorganismos encontrados hoje ao pé dos muros do castelo de Harlech, no País de Gales. Essas formas atuais são tolerantes à amônia (NH_3), produzida pela urina de antigos bretões contra os muros do castelo. Assim foram as condições no sílex de Gunflint, também ricas em amônia?

Outras coisas estranhas aconteciam na Terra há 2 bilhões de anos, além da *Kakabekia*, amante da amônia. A atmosfera de repente parecia transportar oxigênio, havia vestígios orgânicos de vidas muito diversas e novos tipos de microfósseis apareceram, alguns deles com núcleos. Se isso for verdade, marca a origem dos eucariotas e, portanto, a origem do sexo.

5a. Fósseis de estromatólitos na formação Stark, Mackenzie, Canadá.

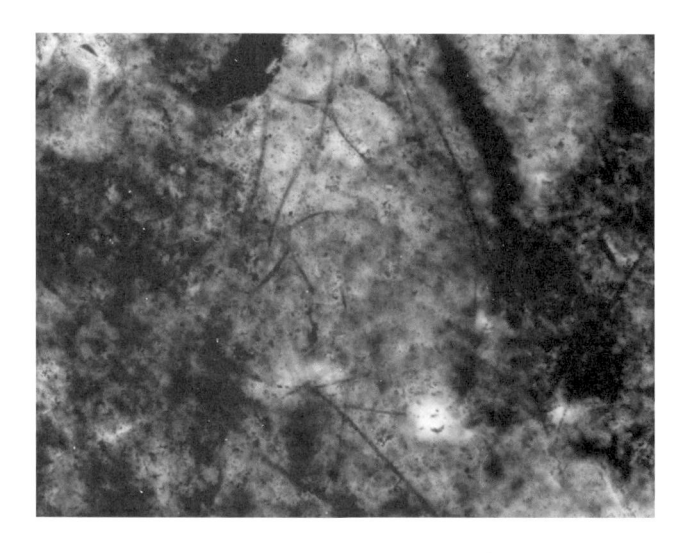

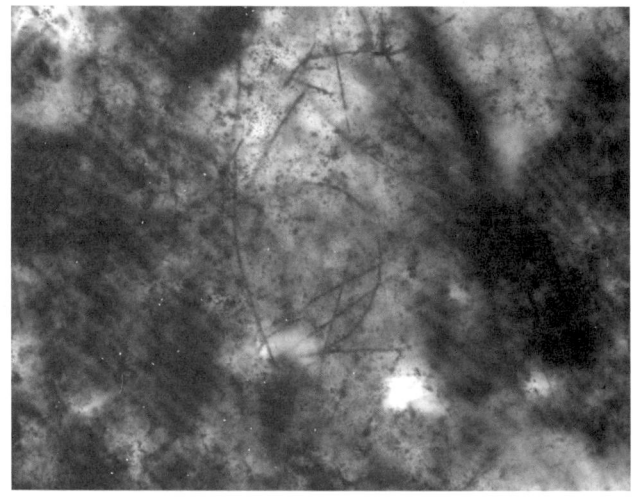

5b. Microfósseis filamentosos em um sulfeto maciço de 3.235 milhões de anos, na Austrália.

Capítulo 2

A origem do sexo

Para que serve o sexo?

John Maynard Smith, *The origin and maintenance of sex*
[*A origem e a continuidade do sexo*] (1971)

O sexo é muitas vezes considerado uma atividade caótica e sem sentido. Os organismos simples parecem ser perfeitamente capazes de se reproduzir com sucesso através da divisão ou gemação: as amebas se alimentam até se tornar muito grandes e, em seguida, um indivíduo se divide em dois; uma levedura ou uma esponja geram brotos laterais que finalmente dão origem a pequenos organismos separados. Então, qual é o propósito do sexo?

Em seu livro *The Evolution of Sex*, o destacado pensador evolucionista britânico John Maynard Smith (1920-2004) escreveu em 1978 sobre o duplo custo do sexo. Ele observou que os organismos de reprodução *assexuada*, aqueles que têm apenas um gênero e que se reproduzem por divisão ou gemação, podem aumentar o tamanho de sua população rapidamente. Uma vez que cada indivíduo é, com efeito, uma fêmea, cada uma das crias é capaz de se reproduzir de forma independente. Os organismos *sexuados*, aqueles que se reproduzem pela troca de material genético, têm dois sexos, masculino e feminino, e os machos, é claro, são o problema. Assim, se cada fêmea produz dois filhos, e há uma razão sexual 1:1, então, em média, as duas crias consistirão em uma fêmea e um macho. Nesse caso, a população duplica de tamanho a uma taxa que é metade da taxa observada em um organismo assexuado equivalente.

Tecnicamente falando, a fêmea sexuada tem metade da *aptidão* sexual da fêmea assexuada. Aptidão, em termos genéticos, é uma medida de sucesso reprodutivo. Assim, o "custo duplo do sexo" é que um organismo sexuado possui a metade da aptidão genética que seu homólogo assexuado.

Portanto, o que faz do sexo uma busca tão compensadora? Maynard Smith sugeriu que a vantagem só apareceu no longo prazo; o sexo embaralha os genes de modo mais eficaz do que a *partenogênese* (a produção de novos seres a partir de óvulos não fertilizados), conferindo maior variabilidade genética e, por conseguinte, maior adaptabilidade a uma população. Ele mostrou que as populações sexuadas podem evoluir mais rapidamente que as assexuadas, uma habilidade que torna as espécies que se reproduzem sexualmente muito mais resistentes quando a população é atacada por doenças ou parasitas. O balanço positivo pode se inclinar nos dois sentidos. Organismos normalmente assexuados, como os pulgões, podem passar por gerações sexuadas ocasionais. Da mesma forma, muitas vezes ocorreu a partenogênese entre lagartos e cobras, grupos que, como sabemos, são tipicamente sexuados.

O sexo exige a transferência de material genético entre o macho e a fêmea e é uma característica única dos eucariontes, os organismos mais complexos. Portanto, quando, na história um tanto obscura da vida pré-cambriana, surgiram os eucariontes, e quando o sexo aconteceu pela primeira vez? As evidências vêm de muitas partes: do estudo dos organismos modernos, dos estudos geoquímicos de biomarcadores, das investigações de ambientes antigos e dos espécimes fósseis.

A árvore universal da vida

No pensamento comum e, provavelmente, em muitos livros de biologia mais antigos, toda vida pode ser facilmente dividida em plantas, animais e micróbios. As plantas são verdes e não se movimentam; os animais, em geral, não são verdes e se movem; e os micróbios são apenas pequenos.

Essa classificação um tanto rudimentar foi complementada e revisada de modo considerável. Primeiro, há claramente uma profunda divisão entre os *procariontes* e os *eucariontes*. Os procariontes são células isoladas, não têm núcleo e têm um único filamento de DNA que contém todo o seu material genético. Eles geralmente se reproduzem de forma assexuada, embora muitas formas tenham processos para compartilhar material genético. Os eucariontes incluem muitas formas unicelulares, mas também muitas plantas e animais pluricelulares. Suas células incluem *organelas*, que são estruturas especializadas, tais como: o núcleo, as mitocôndrias – estruturas transmissoras de energia – e, nas plantas verdes, os cloroplastos fotossintetizantes. Seu DNA possui muitos filamentos, formando cromossomos dentro do núcleo de cada célula.

Durante um tempo, foi popular uma classificação da vida em cinco reinos, quando, dentre as formas maiores, as plantas e os animais foram complementados pelos fungos, e os organismos microscópicos foram divididos em dois grandes grupos, os eucariontes protistas e os procariontes moneras. O modelo de cinco reinos foi derrubado em 1977, após uma série notável de artigos escritos por Carl Woese e outros pesquisadores da Universidade de Illinois. Suas árvores moleculares mostravam uma profunda separação em três divisões fundamentais, os domínios Bacteria (ou Eubacteria), Archaea (ou Archaebacteria) e Eucarya (ou Eukaryota). Assim, os procariontes passam a formar os domínios Bacteria e Archaea, e ainda não está claro se Archaea e Bacteria se dividem primeiro, ou se a separação se dá primeiro entre Archaea e Eucarya. Apesar dessa incerteza na raiz, Woese produziu a primeira árvore universal da vida (ver figura 6).

Assim, todos os seres vivos se enquadram nesses três grandes domínios. O domínio Bacteria inclui as cianobactérias e a maioria dos grupos comumente chamados de bactérias. O domínio Archaea ("os antigos") compreende as halobactérias (digestoras de sal), as metanobactérias (produtoras de metano), as crenarqueotas (bactérias termófilas que metabolizam enxofre), e outras. O domínio Eucarya inclui

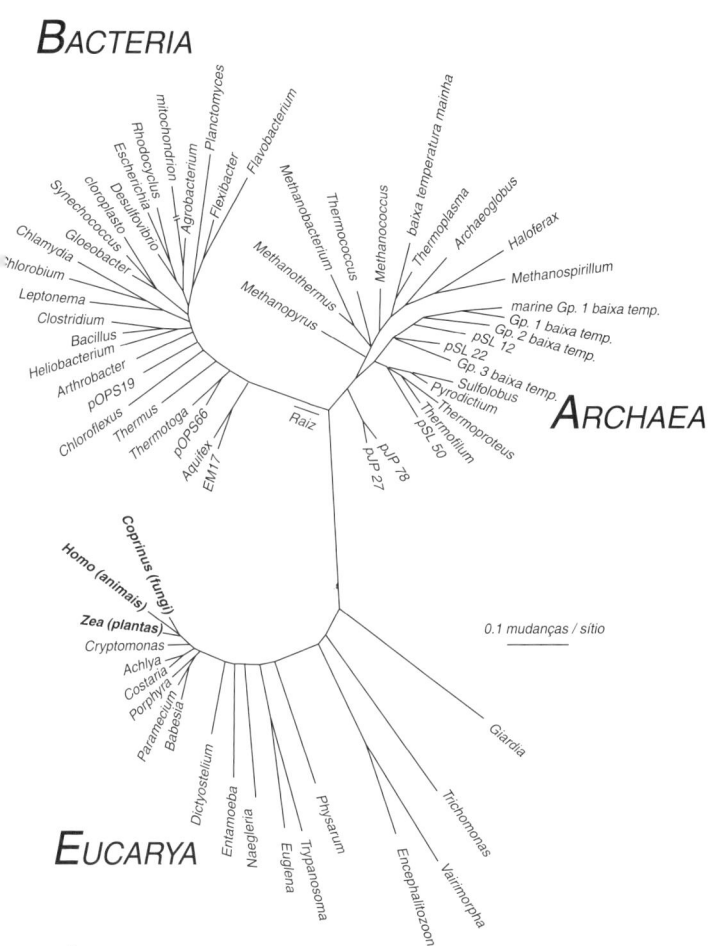

6. Árvore universal da vida.

um conjunto de formas unicelulares que muitas vezes são agrupadas como "algas", bem como organismos pluricelulares. Talvez a observação mais surpreendente seja que, dentro dos eucariontes, os fungos estão mais relacionados com os animais do que com as plantas, e isso tem-se confirmado em diversas análises. Isso cria um dilema moral para os vegetarianos: eles devem comer cogumelos ou não?

A origem dos eucariontes

Até recentemente, parecia claro que os procariontes haviam dominado a Terra durante um bilhão de anos ou mais, antes de os primeiros eucariontes aparecerem. No entanto, as provas estão longe de ser irrefutáveis. Em primeiro lugar, como vimos, as reconstruções moleculares da árvore universal da vida não confirmam que os eucariontes surgiram depois que as bactérias ou arqueas, como fora previsto. Na verdade, com base nos conhecimentos atuais, os três domínios podem ter surgido mais ou menos na mesma época. Os dados geoquímicos fornecidos pelos biomarcadores também forneceram indícios surpreendentes.

Os biomarcadores são indicadores químicos orgânicos de vida. A maioria dos biomarcadores são *lipídios*, compostos graxos e cerosos encontrados em células vivas. Alguns biomarcadores são indicadores de vida em geral, mas outros podem ser associados a determinados domínios ou reinos. Em 1999, Jochen Brocks, pesquisador de Harvard, e seus colegas anunciaram novos indícios de biomarcadores em xisto da Austrália, rico em material orgânico, datado em 2,7 bilhões de anos. Como seria de esperar, alguns dos biomarcadores eram indicadores de cianobactérias, mas os pesquisadores também identificaram inesperadamente esteranos C28 e C30, que são moléculas sedimentares provenientes de esteróis. Esses grandes anéis de esteróis são sintetizados apenas por eucariontes, e não por procariontes. Desse modo, esse biomarcador confirma a existência de cianobactérias há pelo menos 2,7 bilhões de anos e é também o indício mais antigo da ocorrência de eucariontes, muito antes de qualquer fóssil.

Mas como os eucariontes, com a sua estrutura interna complexa formada pelo núcleo e por outras organelas, poderiam ter surgido dos procariontes, mais simples? A ideia mais comum tem sido a *teoria endossimbiótica*, proposta por Lynn Margulis, na época uma jovem docente da Universidade de Boston, em 1967. De acordo com sua teoria (ver figura 7), um procarionte consumiu, ou foi invadido, por alguns pro-

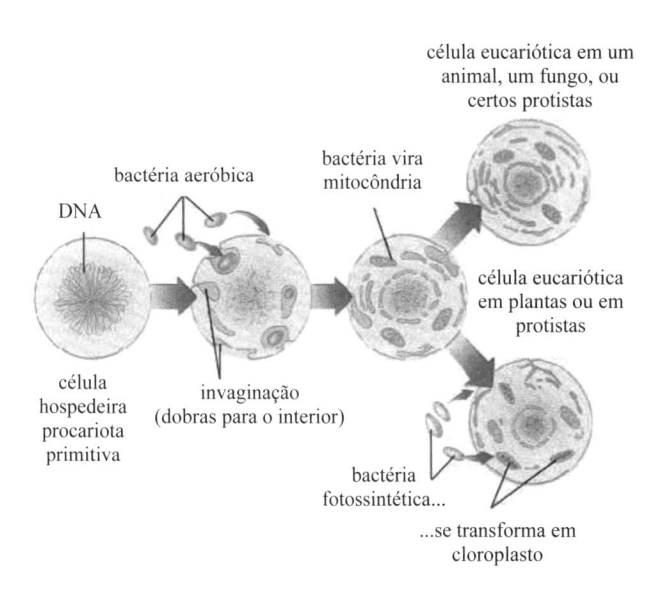

7. Teoria endossimbiótica para a origem dos eucariontes.

cariontes menores produtores de energia, e as duas espécies evoluíram para viver juntas de forma mutuamente benéfica. O pequeno invasor era protegido pelo grande hospedeiro e o organismo maior recebia suprimentos de açúcares. Esses invasores se tornaram a mitocôndria das células eucarióticas modernas. Outros invasores podem ter incluído os procariontes nadadores vermiformes (espiroquetas) que se tornaram flagelos móveis (os apêndices em forma de chicote, usados por alguns micro-organismos para se movimentar) e os procariontes fotossintetizantes que se tornaram os cloroplastos das plantas.

A abordagem endossimbiótica é muito atrativa e alguns aspectos foram brilhantemente confirmados. O mais notável é que se provou que as mitocôndrias e os cloroplastos dos eucariontes modernos se originaram dos procariontes: as mitocôndrias estão estritamente relacionadas com as proteobactérias alfa, e os cloroplastos, com as cianobactérias. Assim, o surpreendente é que foi comprovado que a célula eucariótica moderna tem origem em invasores procarióticos que possuem seu próprio DNA e que coordenam suas divisões celulares com as divisões da célula hospedeira maior.

Muitos especialistas rejeitam a teoria endossimbiótica, ou pelo menos grande parte dela. Eles apontam que a única prova real de engolfamento que existe é para as mitocôndrias. Não há indício que corrobore a ideia de que o núcleo foi engolfado, nem está claro que tipo de procarionte fez o engolfamento, e de fato, hoje, esse processo é visto apenas entre os eucariontes, e não entre os procariontes. Assim, a visão alternativa, denominada *teoria do protoeucarionte hospedeiro*, é que um ancestral eucarionte, o chamado protoeucarionte, já equipado com um núcleo, de fato engolfou um procarionte que transferia energia e que se tornou a mitocôndria. Mas isso não nos diz de onde veio o próprio protoeucarionte. Mais dúvidas são lançadas sobre a teoria clássica endossimbiótica com a afirmação de que nem os Archaea nem os Bacteria parecem ser ancestrais dos Eucarya, e de que o biomarcador evidencia uma origem inesperadamente antiga para os eucariontes. De volta à prancheta de desenho!

Oxigênio

A atmosfera primitiva da Terra era desprovida de oxigênio e a vida se originou na ausência dessa substância. Em seguida, há cerca de 2,4 bilhões de anos, talvez 1 bilhão de anos depois de a vida aparecer pela primeira vez, os níveis de oxigênio atmosférico ultrapassaram em 1 ou 2% os níveis atuais. Isso pode não parecer muito, mas os geólogos deram a essa fase o nome grandioso de Grande Evento de Oxigenação. O mundo nunca mais seria o mesmo. Mas o que causou essa mudança tão drástica na atmosfera?

Os primeiros organismos tinham metabolismo *anaeróbico*, ou seja, eles funcionavam na ausência de oxigênio. Na verdade, os primeiros procariontes teriam sido mortos pelo oxigênio. Esse é um fato chocante que é confirmado por micróbios atuais: alguns podem passar da respiração aeróbia à anaeróbia, dependendo dos níveis de oxigênio. Outros, porém, são anaeróbicos obrigatórios que têm de respirar anaerobicamente e não conseguem sobreviver na presença de sequer uma quantidade mínima de oxigênio.

A visão simplista é a de que os organismos produziram o oxigênio atmosférico, o que pode ser parcialmente verdade. O oxigênio gasoso é um importante produto da fotossíntese, e é provável que as primeiras cianobactérias pudessem realizar fotossíntese. Mas é improvável que todo o oxigênio atmosférico primitivo viesse da fotossíntese, pois as cianobactérias existem há 3,5 bilhões de anos (ver p. 36), e elas não oxigenaram a atmosfera nem um pouco durante os bilhões de anos seguintes. Provavelmente, todo o oxigênio produzido pela fotossíntese fora consumido ao se combinar com os gases produzidos pelos vulcões e com os metais solúveis em nascentes de água quente e fumarolas no fundo do mar, para produzir água e óxidos. Isso não deixou praticamente nada de oxigênio para entrar na atmosfera primitiva como gás.

Então, de onde veio o primeiro oxigênio atmosférico? David Catling, da Universidade de Bristol, afirma que a fonte, pelo menos inicialmente, foi inorgânica. Ele sugere que a chave está no metano. O metano, um composto de carbono e hidrogênio, é um potente gás do efeito estufa produzido em grande parte por microorganismos anaeróbicos. Antes que a vida existisse em abundância, não havia metano, mas os níveis cresceram à medida que mais e mais era gerado pelos primeiros micróbios. Atualmente, o metano é consumido pelo oxigênio na atmosfera, mas, na ausência de oxigênio, os níveis de metano do início do Pré-Cambriano podem ter sido de 100 a 1.500 vezes maiores que hoje. Essa situação criou no mundo um efeito estufa abrasador.

A estufa de metano desabou há 2,4 bilhões de anos. Conforme os níveis de metano aumentavam, os átomos de hidrogênio eram transferidos para fora da atmosfera da Terra, ao espaço, e portanto já não havia suficiente quantidade de hidrogênio para combinar com o oxigênio livre e formar moléculas de água (H_2O). Desse modo, o oxigênio excedente inundou a atmosfera na forma de gás. O aumento do oxigênio na atmosfera teve um efeito profundo sobre a vida e o planeta. Surgiram novos organismos *aeróbicos* que exploraram as moléculas de oxigênio atmosférico em sua atividade química. O oxigênio também construiu, na alta atmosfera, uma *camada de ozônio* que bloqueia a radiação solar ultravioleta.

Houve um segundo aumento no oxigênio atmosférico, para 10% dos níveis atuais, em torno de 800 a 600 milhões de anos atrás, e isso pode indicar novas alterações nos ciclos químicos globais e mais expansão na diversidade da vida na Terra. Esses são os indicadores encontrados em rochas.

Os primeiros fósseis eucariontes

Antigamente, havia uma história clara em que primeiro vinham os procariontes e depois os eucariontes. Como vimos, no entanto, com os novos indícios químicos e moleculares, as águas ficaram muito turvas. Existem biomarcadores nítidos para eucariontes datando de 2,7 bilhões de anos atrás, e a árvore universal da vida definitivamente se recusa a se deixar decifrar para mostrar que o Eucarya é um ramo mais jovem que o Bacteria ou o Archaea.

Os fósseis são igualmente ambíguos. Os livros didáticos costumavam ilustrar belas células com núcleos claros, provenientes da Formação de Bitter Springs, na Austrália, datadas em 800 milhões de anos. Alguns dos fósseis de Bitter Springs até pareciam mostrar divisão celular: uma descoberta sensacional! E como sempre, é claro, isso era bom demais para ser verdade, e eles são hoje reinterpretados como aglomerados de cianobactérias. Os supostos núcleos, um borrão escuro sobre a célula, agora são entendidos como pregas e irregularidades nas membranas celulares. Além disso, a divisão celular básica, tecnicamente chamada *mitose* – em que uma célula se divide mais ou menos em duas iguais –, é vista tanto em eucariontes quanto em procariontes. Como Thomas Henry Huxley disse certa vez, é terrível ver "o assassinato de uma bela teoria por uma feia realidade"; nesse caso, por várias.

O mais antigo suposto fóssil eucarionte é impressionante em alguns aspectos e decepcionante em outros. As rochas do final do Pré-Cambriano, de várias idades, renderam exemplos de um fóssil estranho, que consistia em grandes rolos similares a espaguetes – com cerca de cinco milímetros de largura –, preservados como finas películas de carbono, que foram chamados *Grypania*. Os fósseis mais antigos de *Grypania* datam de 1,85 bilhão de anos atrás. O fóssil parece mais com uma alga enrolada e, se for isso mesmo, é um eucarionte. Essa interpretação é contestada, e outros pesquisadores dizem que é algum tipo de bactéria gigante. Eles alegam que os fósseis eucariontes mais antigos são, na verdade, fósseis microscópicos chamados acritarcas, organismos planctônicos similares a plantas, que eram aproximadamente esféricos com pequenos filamentos e ranhuras. Os mais antigos acritarcas têm 1,45 bilhão de anos.

Esses primeiros supostos eucariontes estão ainda em discussão, mas existem vários candidatos de cerca de 1 bilhão de anos: acritarcas microscópicos e afins, bem como numerosas algas e outros fósseis um pouco mais complexos. A visão atual é que a pluricelularidade e o sexo podem estar ligados.

Pluricelularidade...

Não existem organismos verdadeiramente pluricelulares entre os domínios Bacteria ou Archaea. Na verdade, alguns procariontes formam filamentos e perdem agregações de células, mas essas células associadas não trocam mensagens e suas funções não são coordenadas. Assim, todos os organismos realmente pluricelulares são eucariontes, até onde sabemos. Os organismos pluricelulares mais simples são microscópicos, e consistem em pouco mais de uma sequência de células idênticas, mas algumas algas modernas dão pistas sobre como a pluricelularidade pode ter surgido.

O mofo mucilaginoso *Dictyostelium* geralmente opera como uma única célula, mas em certos momentos, especialmente quando o alimento é limitado, numerosas células individuais se aglomeram e toda a colônia se muda para um novo local. Outros eucariontes simples atuais, tais como o protozoário *Volvox*, podem formar colônias de até 10 mil células individuais e podem apresentar certa diferenciação celular. O *Volvox* fascina os cientistas há anos. Quando Anton van Leeuwenhoek (1632-1723), o famoso inventor do microscópio, observou o *Volvox* pela primeira vez, ele não podia acreditar no que via. A colônia formava uma bola oca e se movia na água como se estivesse rolando (o nome *Volvox* significa "rolo furioso"). A maioria das 10 mil células atuam como órgãos de alimentação e natação, batendo furiosamente com seus flagelos e fazendo toda a colônia girar. Mas um pequeno número de células na colônia pode assumir uma função reprodutiva, e as colônias/indivíduos *Volvox* conseguem se acasalar e produzir descendentes latentes. Na natureza, os *Volvox* se reproduzem de forma assexuada, e a descendência sexuada parece ser um seguro contra condições particularmente ruins.

Esse exemplo ilustra todos os tipos de princípios biológicos extraordinários. Em primeiro lugar, onde traçar a linha entre um indivíduo e uma colônia? A bola *Volvox* parece agir como um indivíduo, na medida em que as células de todos ficam juntas e trabalham em conjunto para fazê-la nadar. Mas cada célula ainda é essencialmente um indivíduo, agindo por conta própria para se alimentar e se separar de vez em quando. Outros exemplos de colônias são encontrados hoje em recifes de corais, em que inúmeros corais individuais de uma espécie crescem como uma única estrutura, ou em um formigueiro, onde vários tipos especializados de formigas trabalham em conjunto. Os componentes individuais da colônia (o coral, a formiga) podem viver por conta própria e, talvez, fundar uma nova colônia, embora isso não seja verdade para a maioria das formigas que formam uma colônia – que dependem de outras para se reproduzir, encontrar o alimento, proteger o formigueiro ou mantê-lo fresco.

Mas quais são as vantagens da pluricelularidade? Devem ser muitas, pois ela surgiu muitas vezes de forma independente e continua se desenvolvendo em determinadas algas, tais como a *Volvox*. As vantagens da pluricelularidade incluem maior eficiência na alimentação, locomoção, reprodução e defesa, graças a células especializadas. Uma célula especializada que só tem de alimentar ou fornecer capacidade defensiva virulenta talvez possa evoluir e se especializar muito mais do que uma única célula poderia fazê-lo tendo de fornecer todos os serviços e funções normais da vida. Existem também claras vantagens em ser maior do que ser microscópica (não que tamanho seja documento), se você for o único organismo grande em um mar de miniaturas. Dentre essas vantagens estão o acesso a novas fontes de alimento, incluindo presas maiores, e a possibilidade de se mover mais e mais depressa.

...e o sexo

Mas onde entra o sexo? Afinal, alguns procariontes e eucariontes unicelulares se reproduzem sexualmente de tempos em tempos. No entanto, Nick Butterfield, da Universidade de Cambridge, afirma que a reprodução sexuada verdadeira permitiu o surgimento da pluricelularidade, e as duas parecem estar intimamente ligadas. A reprodução assexuada – ou fragmentação espontânea, como às vezes é chamada – é, na verdade, apenas uma forma de crescimento: as células se alimentam e crescem em tamanho, e quando são grandes o suficiente se dividem por mitose para formar dois organismos. O DNA se divide ao mesmo tempo e é compartilhado pelas duas novas células. Os produtos de reprodução assexuada são *clones*, réplicas geneticamente idênticas.

A reprodução sexuada, por outro lado, envolve a troca de gametas (espermatozoides e óvulos) entre organismos. Normalmente, o macho fornece espermatozoides que fertilizam o óvulo da fêmea. Os gametas têm a metade do DNA normal complementar, e as duas metades do DNA se entrelaçam para produzir um genoma diferente na prole, mas claramente combinando características do pai e da mãe. Em eucariontes, o DNA existe como duas cópias, e cada filamento forma uma metade da estrutura em dupla hélice. A divisão celular na reprodução sexuada é chamada *meiose*, onde o DNA se desune para formar duas cópias simples – uma para cada gameta – antes da fusão após a fertilização.

O argumento de Butterfield é que as vantagens da pluricelularidade são tão claras que essa propriedade teria surgido logo após o aparecimento da reprodução sexuada. Nenhum organismo assexuado pode evoluir para a pluricelularidade propriamente dita, pois os organismos assexuados não evoluem da forma normal. Por meio da clonagem, há pouca oportunidade para a mudança e para a seleção natural. A evolução é possível, é claro, mas não há especiação – ou seja, formação de novas espécies – da forma que presenciamos em animais e em plantas pluricelulares.

Como datamos a origem do sexo? Butterfield afirma que existem duas linhas de evidências, uma filogenética e uma que se fundamenta na estreita relação entre sexo e pluricelularidade. O argumento filogenético é baseado na árvore da vida. Se pudermos desenhar uma árvore de relações, seremos capazes de mapear algumas características na árvore, com base em organismos vivos, e depois segui-las até a raiz. Devemos ter certeza de que os personagens em questão são verdadeiros *homólogos*, isto é, traços que surgiram uma única vez, e não convergências. O raciocínio é que a reprodução sexuada, conforme observada nos eucariontes modernos, é tão complexa que surgiu apenas uma vez, e portanto o ponto de origem do sexo pode ser marcado na árvore da evolução eucarionte perto da base.

O outro argumento é baseado em fósseis. Encontre um fóssil pluricelular, diz Butterfield, e você terá encontrado o sexo. Atualmente, o mais antigo fóssil eucarionte aceito é um incrível organismo pluricelular chamado *Bangiomorpha,* da formação rochosa Hunting, ao norte do Canadá, datada em 1,2 bilhão de anos.

Bangiomorpha: por que esse nome?

As algas vermelhas (rodofíceas) são tipos de algas relativamente comuns hoje, que podem ser vistas no litoral em todo o mundo e são parte essencial de alguns pratos culinários, como o *nori* japonês. As algas vermelhas são um grupo amplo que inclui tanto células individuais quanto grandes estruturas ornamentadas e podem ser tolerantes a uma grande variedade de condições. A atual alga vermelha *Bangia*, por exemplo, pode sobreviver em diferentes níveis de salinidade, de oceanos a lagos de água doce. A alga vermelha mais antiga foi descoberta em 1990 e nomeada *Bangiomorpha* porque lembrava a *Bangia* atual em certos aspectos, mas também talvez por outras razões.

Quando Nick Butterfield nomeou a *Bangiomorpha* em 2000, ele usou todo o sujo humor medieval da Inglaterra para explicar por que havia escolhido o nome. Seu nome completo é *Bangiomorpha pubescens*, e o nome da espécie, *pubescens,* escolhido "com referência à sua forma peluda ou púbere, bem como às conotações de ter atingido a maturidade sexual". O nome *Bangiomorpha pubescens* foi até mesmo incluído nos dicionários de nomes estranhos e insolentes; um site observa: "O fóssil mostra o primeiro ato sexual registrado, há 1,2 bilhões de anos. O *bang* no nome foi concebido como um eufemismo para o sexo". Os fósseis não mostram atos sexuais, e os comentaristas certamente exageram, mas o nome é de fácil memorização.

A *Bangiomorpha* crescia em tufos de filamentos peludos ligados às rochas da costa através de rizoides feitos de várias células (ver figura 8). Os filamentos individuais têm

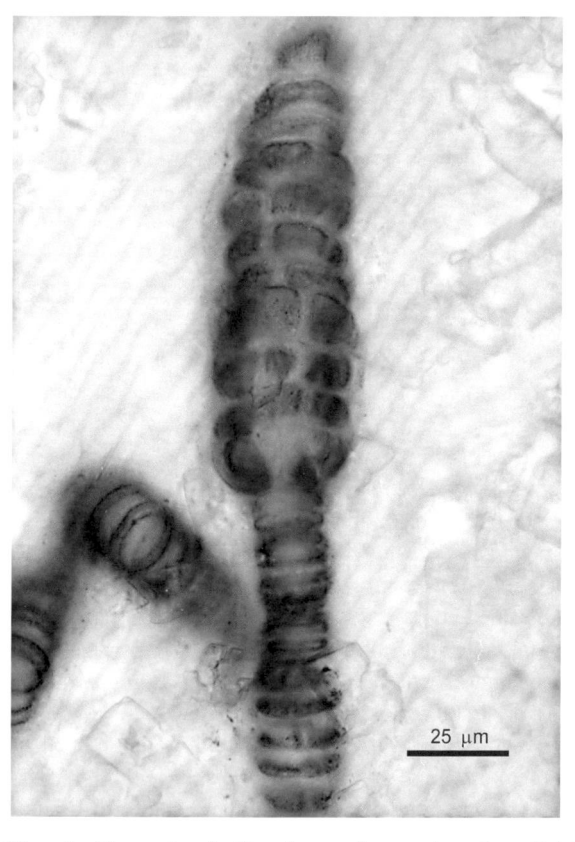

8. *Close* de filamentos de *Bangiomorpha,* mostrando a divisão celular na estrutura terminal.

até dois milímetros de comprimento, e as células, menos de 50 mícrons (milésimos de milímetro) de largura. As paredes celulares são escuras e encerram células circulares como discos, e os filamentos podem ser compostos de uma única série de células ou de várias séries correndo lado a lado.

Várias dúzias de espécimes de *Bangiomorpha* foram encontradas e mostram como os filamentos se desenvolveram.

Começando com uma única célula, o filamento cresceu por divisão celular (mitose) ao longo de seu eixo. Uma célula se divide em duas, duas em quatro, e assim por diante. Ao longo dos filamentos, células em forma de disco surgem em grupos de dois, quatro ou oito, refletindo as divisões celulares dentro do filamento. Alguns filamentos maiores apresentam conjuntos de estruturas esféricas similares a esporos no topo; se corretamente identificados, estes provam que a reprodução sexuada e a meiose estavam acontecendo. Um estudo mais aprofundado dos filamentos, e de uma série de estágios de desenvolvimento, mostra que a *Bangiomorpha* não só era pluricelular, como também apresentava diferenciação celular (células do rizoide e células do filamento), vários ciclos de divisão celular, esporos diferenciados e plantas inteiras sexualmente diferenciadas.

O Neoproterozoico e a hipótese da Terra bola de neve

A última fase do período Pré-Cambriano é chamada Neoproterozoico, um termo aplicado a rochas datadas entre 1 bilhão e 542 milhões de anos atrás. Durante esse tempo, a diversidade dos fósseis aumentou. Isso pode refletir uma verdadeira explosão de novas formas de vida após a invenção do sexo e da pluricelularidade, ou pode simplesmente refletir o fato de que talvez seja mais fácil para os paleontólogos encontrar fósseis que são mais visíveis a olho nu. Alguns animais pluricelulares notáveis apareceram cerca de 575 a 565 milhões de anos atrás.

Ao mesmo tempo, o mundo estava mudando rapidamente. O oxigênio, como vimos, aparecera e depois aumentara na atmosfera em duas explosões. A Terra também pode ter atravessado um período de congelamento, chamado de Criogeniano, que também recebe a designação mais descritiva de "Terra bola de neve".

O conceito Terra bola de neve é muito controverso. Não há dúvida de que grande parte da Terra esfriou durante muito tempo no Neoproterozoico: os geólogos observaram indícios de glaciação, tais como depósitos glaciários – formados por material arenoso e argiloso de origem glaciária –, rachaduras produzidas pela passagem de geleiras carregando pedras, e fragmentos de rochas desprendidos das bases de icebergs e transformados em sedimentos marinhos. Para muitos geólogos, isso apenas mostra que havia calotas geladas nos polos do Neoproterozoico, para outros, significa algo bem diferente.

Joseph Kirschvink, professor do Instituto de Tecnologia da Califórnia, cunhou o termo "Terra bola de neve" em 1992, e imaginou um mundo que foi quase completamente coberto de neve, dos polos à linha do equador. Ele invocou como indícios os sedimentos glaciais, incluindo alguns exemplos de regiões que, aparentemente, estavam perto da linha do equador no Neoproterozoico, e sua pesquisa foi ampliada e promovida por Paul Hoffman, da Universidade de Harvard, com base em seus estudos de sucessões neoproterozoicas na Namíbia.

Hoffman e outros apresentaram muitos indícios de sedimentos do Neoproterozoico que demonstram que a Terra foi inteiramente coberta de gelo durante milhões de anos, e que o gelo derreteu em uma fase posterior de efeito estufa, em consequência de uma série de erupções vulcânicas, com a produção de uma grande quantidade de dióxido de carbono. Os defensores da teoria da Terra bola de neve afirmam que a vida sobreviveu sob o gelo e não se diversificou muito até ele derreter. Os críticos afirmam que é impossível que a Terra tenha congelado completamente e que pelo menos deve ter havido oceanos habitáveis próximos à linha do equador. Quer o congelamento tenha sido total ou parcial, é certo que houve importantes episódios de glaciação no Neoproterozoico, e organismos pluricelulares complexos só apareceram depois disso. Esses organismos formaram a fauna de Ediacara.

Os fósseis das colinas Ediacara

Os paleontólogos encontraram, ocasionalmente, estranhas estruturas em forma de copas de árvores em arenitos bastante antigos, talvez do Pré-Cambriano, talvez do Cambriano, mas não conseguiram interpretá-los. Uma das descobertas aconteceu em 1946, quando Reginald Sprigg, um jovem geólogo de mineração, explorava as colinas Ediacara, ao norte de Adelaide, na Austrália. Ele encontrou impressões redondas que pareciam água-viva, copas ramificadas e impressões filiformes.

Quando Sprigg relatou suas descobertas, as colinas Ediacara ficaram famosas, e os fósseis reunidos foram chamados ediacaranos, que é também o nome dado ao intervalo de tempo que marcou a parte final do Neoproterozoico. Organismos ediacaranos foram identificados em mais de trinta localidades, da Austrália, da África, da Europa e de outros lugares. Os fósseis de Ediacara são, em sua maioria, da mesma idade, entre 575 e 542 milhões de anos, e são a primeira fauna verdadeira, isto é, o primeiro conjunto de organismos vivos complexos e diversos na Terra.

9. A vida como deve ter sido no período ediacarano.

Mais de cem espécies de animais ediacaranos foram nomeadas (ver figura 9). A maioria foi classificada em grupos atuais, tais como águas-vivas, vermes e *pennatulaceas*, mas isso é muito difícil de confirmar. Outros defendem que a fauna ediacarana representa um ramo completamente independente de organismos que não tem relação com as faunas posteriores do Cambriano. Um pesquisador identificou todos os organismos de Ediacara como fungos; de acordo com Dolf Seilacher, da Universidade de Tübingen, estes são estruturas únicas, e representam uma diversificação independente de animais que solucionaram problemas estruturais de formas completamente distintas de tudo o que vive hoje. Ele afirmou que a pele devia ser flexível, embora pudesse se enrugar e quebrar, e devia permitir a entrada de oxigênio e a saída de dejetos. Os vendobiontas, como ele os denominou, foram interpretados como estruturas pneumáticas únicas, como pneus de carro ou colchões infláveis. Sua superfície externa confinava um interior cheio de gás, e suas estruturas radiais e segmentadas eram como as divisões de um castelinho pula-pula ou de um colchão de ar, projetadas para manter a força e a flexibilidade.

O que quer que fossem, águas-vivas e vermes primitivos ou protótipos de castelinhos pula-pula, a fauna ediacarana do mundo inteiro se extinguiu há cerca de 540 milhões de anos. Mas sua morte não deixou a Terra sem vida. De fato, um dos maiores eventos na história da vida estava prestes a acontecer: a Explosão Cambriana.

Capítulo 3

A origem dos esqueletos

> O registro fóssil causou a Darwin mais pesar que alegria. Nada o afligia mais que a Explosão Cambriana, o aparecimento coincidente de quase todas as estruturas orgânicas complexas.
>
> Stephen Jay Gould, *The Panda's Thumb* [*O polegar do panda*] (1980)

O aparecimento de esqueletos no registro fóssil há cerca de 540 milhões de anos sempre foi um quebra-cabeça. Talvez não seja o tipo de quebra-cabeça diante do qual os cientistas jogam a toalha – como os críticos criacionistas informam alegremente em seus sites –, mas é um verdadeiro problema a ser resolvido. O fato é que, logo após o início do período Cambriano, atualmente datado de 542 milhões de anos atrás, e algum tempo depois da extinção dos organismos ediacaranos, uma ampla diversidade de animais com esqueleto apareceu no mar. Para um biólogo, um *esqueleto* é qualquer tipo de estrutura mineralizada ou parcialmente mineralizada que funciona como suporte ou armação para um organismo. Desse modo, os ossos, nosso esqueleto, atendem ao requisito, mas assim também o fazem as conchas calcárias de moluscos e corais, as cutículas externas de insetos e caranguejos e, possivelmente, até mesmo o tecido lenhoso das árvores.

Os fósseis ediacaranos do Neoproterozoico não tinham conchas ou esqueletos dos tipos que reconheceríamos hoje. Talvez, como sugere Dolf Seilacher, eles tivessem uma estrutura pneumática acolchoada que lhes endureceu o corpo e lhes permitiu alcançar um tamanho razoável. Depois, em rochas do Cambriano Inferior, em todo o mundo, aparece uma diversidade de fósseis em que se nota a presença de exoesqueleto. O grande enigma é o fato de que, geologicamente falando, os organismos com esqueleto parecem surgir de repente, e todos ao mesmo tempo. Por que, por exemplo, não encontramos, primeiro, esponjas com esqueleto de espículas, em seguida corais com as casas tubulares, depois, talvez, mariscos com as valvas de encapsulamento, e assim por diante? É claro que, quando se olha para trás mais de meio bilhão de anos, não é fácil datar todas as formações rochosas com precisão, mas todos os estudos parecem indicar uma aparição bastante coordenada de animais com esqueleto há cerca de 542 milhões de anos. Esse acontecimento drástico foi chamado de *Explosão Cambriana*.

O debate gira em torno da realidade desse evento. A maioria dos paleontólogos e evolucionistas, inclusive Darwin, afirmaram que a Explosão Cambriana era real e que aquilo que você vê de fato aconteceu. Outros, porém, insistem na precaução e sugerem que poderíamos estar vendo algo artificial, fruto, talvez, da preservação incompleta dos fósseis. Pode ser, por exemplo, que existam grandes lacunas no registro rochoso do final do Neoproterozoico, ou que os sedimentos depositados durante esse lapso não fossem os adequados para preservar esqueletos mineralizados. Neste capítulo, vamos explorar o que são esqueletos e o que mostram os fósseis e registros rochosos, bem como os novos indícios moleculares e os debates acalorados sobre se a Explosão Cambriana é real ou não.

Esqueletos

Os esqueletos não servem apenas para sustentação física, embora esta seja uma função importante e muitas vezes a principal. Eles também consistem em locais para a fixação de músculos e em uma reserva mineral. Assim, por exemplo, nós humanos contamos com o esqueleto para sermos capazes de andar e de comer. Os músculos se fixam em ambas as extremidades aos ossos do esqueleto, e as contrações musculares fazem os braços e as pernas funcionarem.

Na alimentação, os músculos da mandíbula a puxam para cima e para baixo contra o crânio, e nos ossos dos maxilares se fixam os dentes, essenciais na alimentação.

O osso tem dois componentes essenciais, a proteína colágeno e espículas de apatita, uma forma de fosfato de cálcio. O colágeno é o principal componente da cartilagem. Temos cartilagem no nariz e nos ouvidos, e é um tipo maleável de osso não mineralizado. Entre os vertebrados – animais que apresentam espinha dorsal – atuais, os tubarões têm esqueleto quase inteiramente cartilaginoso que só se mineraliza ocasionalmente (seus dentes, é claro, são mineralizados) e, ao que parece, a maior parte dos antecessores cambrianos dos peixes modernos também possuía esqueleto cartilaginoso.

Nossos ossos também atuam como reservas minerais. Quando somos jovens e estamos em fase de crescimento, o corpo procura uma grande quantidade de cálcio e fósforo nos alimentos e passa aos ossos através dos vasos sanguíneos. Se uma pessoa jovem sofre desnutrição, seus ossos não poderão crescer de forma adequada, e ela se torna raquítica. Em uma etapa posterior da vida, o cálcio e o fósforo podem ser obtidos dos ossos, quando forem necessários. O osso está vivo, atado a vasos sanguíneos e a outros tecidos. Se o alimento for escasso, o cálcio e o fósforo presentes no osso são absorvidos outra vez pela corrente sanguínea e fornecidos às células, onde são necessários. Os minerais podem ser repostos mais tarde, quando o alimento for abundante. Portanto, se você fizesse um corte transversal de qualquer um de seus ossos, poderia ver como esse osso cresceu durante a infância até chegar ao tamanho atual. Você também veria indícios de extração e reposição esporádica de cálcio e de fósforo na forma de canais que ficam mais largos conforme os minerais são extraídos, e que são preenchidos em camadas na medida em que estes são repostos, de modo muito similar a um cano cujas paredes internas vão sendo revestidas de minerais em uma região em que a água é pesada.

Outros animais têm diferentes tipos de esqueletos. Os esqueletos podem ser compostos de materiais inorgânicos mineralizados, tais como formas de carbonato de cálcio, sílica, fosfatos e óxidos de ferro. O carbonato de cálcio forma as conchas de foraminíferos microscópicos, algumas esponjas, corais, briozoários (seres que vivem em colônias), braquiópodes, moluscos, muitos artrópodes (trilobitas, caranguejos, insetos) e equinodermos (ouriços-do-mar, lírios-do-mar). A sílica compõe os esqueletos de radiolários (organismos planctônicos) e a maioria das esponjas, enquanto o fosfato, geralmente na forma de apatita, é típico dos ossos de vertebrados, conforme já vimos, e também das conchas de certos braquiópodes e das pequenas estruturas dentadas de certos vermes. Há também tecidos orgânicos duros, tais como a lignina, a celulose, a esporopolenina e outros em vegetais; e a quitina, o colágeno e a queratina em animais, que podem existir isoladamente ou em associação com os tecidos mineralizados.

Os esqueletos mais simples são encontrados nas esponjas, que são compostas de conglomerados soltos de espículas, estruturas microscópicas pontiagudas feitas de carbonato de cálcio ou de sílica. A maioria dos outros animais tem esqueleto externo, ou *exoesqueleto*. (Os humanos e outros vertebrados possuem esqueleto interno, ou *endoesqueleto*.) Em corais, braquiópodes e moluscos, o exoesqueleto é uma estrutura em camadas, construída ano a ano, ou mês a mês, e suas linhas de crescimento são, muitas vezes, visíveis na superfície externa e em cortes transversais. Outros animais – tais como artrópodes, vermes nematoides e alguns grupos mais raros – mudam seu exoesqueleto. Na verdade, a muda de esqueleto pode ser uma característica única desse grupo específico.

A diversidade de tipos de esqueleto, e o fato de que são constituídos de maneiras tão diversas – alguns são internos, outros externos; alguns podem ser trocados, outros não; e podem ser compostos de diferentes minerais –, torna difícil entender como os esqueletos se desenvolveram aparentemente ao mesmo tempo em todos esses grupos de animais, e em todo o mundo. O que nos mostra o registro fóssil, se o acompanharmos passo a passo durante a transição do Pré-Cambriano para o Cambriano?

Fauna tomotiana

A primeira etapa é representada pela época da fauna tomotiana – em inglês chamada *small shelly* (literalmente, "concha pequena"), o que não é de surpreender, já que é uma fauna composta de pequenas conchas. O termo *small shelly*, no entanto, é impreciso: podem ser conchas pequenas, mas suas afinidades não são claras.

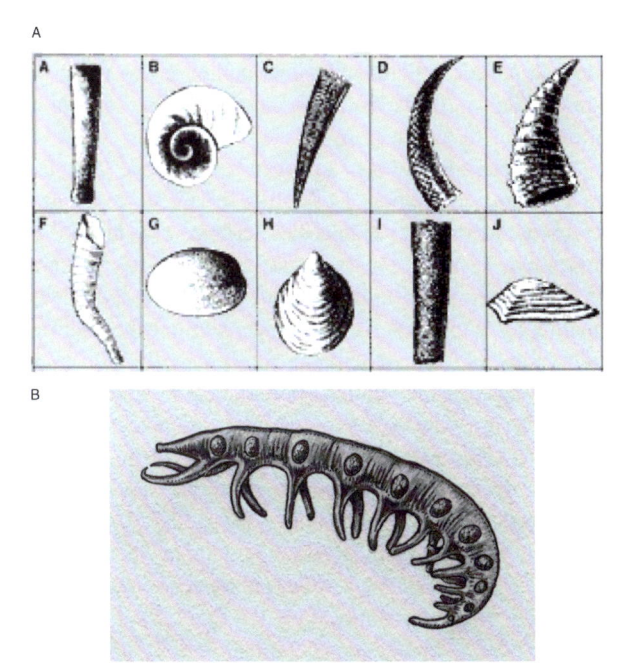

10. Fósseis do Cambriano Inferior. A: Seleção de pequenos fósseis da fauna tomotiana dos estratos na fronteira entre o Pré-Cambriano e o Cambriano, na Sibéria; B: *Microdictyon.*

A fauna tomotiana foi identificada no Pré-Cambriano Superior, mas é mais comum encontrá-la em rochas do Cambriano Inferior, datadas de talvez 542 a 530 milhões de anos atrás. A importância da fauna tomotiana é que ela aparece antes dos fósseis com esqueletos maiores, e por isso marca a primeira fase da Explosão Cambriana.

Tem-se mostrado muito difícil entender a biologia dos animais da fauna tomotiana, e, em geral, eles são chamados simplesmente de acordo com as suas formas (ver figura 10A). Dois grandes grupos são os hyolitas com estruturas de tubos fosfatados, abertos em ambas as extremidades, e os fosfatados tomotianos com conchas em forma de cone, que ocorrem geralmente em pares. Outros animais eram construtores de tubos que secretavam paredes de carbonato, tubos de parede orgânica possivelmente de um verme não segmentado, e placas fosfatadas, ou escleritos, de animais maiores mas desconhecidos.

Os escleritos dão pistas para toda uma série de animais que mal compreendemos. Seus corpos desapareceram e tudo o que temos são os microscópicos escleritos em forma de folha. Supõe-se que estes se encaixavam como uma espécie de armadura flexível sobre os animais e podem ter sido, *grosso* modo, semelhantes a pinhas. Alguns espécimes excepcionalmente preservados da China, chamados *Microdictyon*, indicam que ao menos alguns dos animais portadores de escleritos eram animais vermiformes (ver figura 10B), com placas ovais dispostas em pares ao longo do comprimento do corpo que podem ter servido de base para a fixação do músculo, associada com a locomoção. O que é intrigante é que alguns dos escleritos podem ter vindo de animais bastante grandes que são inteiramente desconhecidos, e que talvez jamais se possam conhecer senão por meio dessas curiosas exúvias.

A Explosão Cambriana

A fauna tomotiana do Cambriano Inferior foi precursora da Explosão Cambriana propriamente dita. Quase no final do Cambriano Inferior, e coexistindo com a fauna tomotiana, surgiu mais de uma dúzia de grupos de animais. Pensava-se que todos eles apareceram de uma vez, mas um estudo mais aprofundado indica uma procissão mais organizada, com um grupo aparecendo após o outro. Algumas das evidências partem de fósseis dos próprios organismos, e atualmente só é possível identificar outras etapas ao longo do caminho por vestígios fósseis, pegadas e rastros. Estes podem parecer indícios um tanto incertos, mas muitas pegadas e rastros podem fornecer um diagnóstico dos organismos que as deixaram, sobretudo se apresentam marcas de pé ou de pata, por exemplo.

Então, na sequência, o primeiro indício da radiação de animais no mar, e da primeira etapa da Explosão Cambriana, é representado por pegadas e rastros que datam de 555 milhões de anos atrás, no final do Neoproterozoico. Essas pegadas foram feitas por animais alongados e bilateralmente simétricos, em sua maioria vermes de um tipo ou de outro. Depois, o registro de vestígio fóssil mostra a primeira evidência de artrópodes, os animais de "patas articuladas", nos começos do Cambriano, há cerca de 540 milhões de anos. Portanto, a Explosão Cambriana propriamente dita começou por volta de 530 milhões de anos atrás, com o aparecimento dos primeiros fósseis de esqueletos de trilobitas e equinodermos, e durou talvez 10 milhões de anos, durante os quais a diversidade global se multiplicou. Grupos como moluscos e braquiópodes, que possivelmente apareceram na fauna tomotiana, são representados por fósseis que não deixam dúvidas. As espículas de esponja são abundantes em alguns lugares.

Se você retrocedesse no tempo, ao início e meados do Cambriano, algumas das novas criaturas com esqueleto poderiam lhe parecer familiares, e outras nem tanto (ver figura 11). Os braquiópodes existem até hoje, mas eram muito mais importantes no Paleozoico – o período entre 542 e 251 milhões de anos atrás – do que em nossos dias. Os braquiópodes incluem uma ampla variedade de formas. Alguns, como a *Lingula*, têm pares de valvas simples em forma de lágrima e vivem em tocas verticais com um pedículo longo e carnudo que os mantêm no sedimento, filtrando a água para obter partículas de alimento. Em geral, os braquiópodes viviam no fundo do mar, e não em uma toca, e a maioria adotou a forma clássica de uma lâmpada romana, com duas valvas desiguais. As duas valvas se encaixavam como duas metades de uma casca de noz, e podiam se abrir para permitir a entrada e a saída de água para a alimentação e a respiração. A valva pedicular é maior do que a valva braquial, e o pedículo carnoso emerge de um orifício no ápice da valva pedicular (equivalente ao buraco para o pavio em uma lâmpada romana). Os braquiópodes dominaram o fundo do mar durante todo o Paleozoico.

Os equinodermos do Cambriano eram animais incomuns, algo entre um ouriço-do-mar e um lírio-do-mar. A maioria

11. Cenário do folhelho Burgess, Cambriano Médio.

deles estava fixada ao fundo do mar por uma haste, e acima ficava um corpo bulboso, coberto com um esqueleto de carbonato de cálcio feito de placas poligonais bem combinadas. Muitas vezes apresentavam algum tipo de tentáculo que usavam para capturar o alimento da água e colocá-lo na boca, que geralmente ficava no topo do corpo, no meio dos tentáculos. Esses equinodermos cambrianos são muito diferentes de seus parentes modernos, ouriços-do-mar, lírios-do-mar e estrelas-do-mar que muitas vezes encontramos na praia.

Os trilobitas foram os fósseis característicos do Paleozoico e sua aparição marca o centro da Explosão Cambriana. Conforme mencionamos, os primeiros indícios de trilobitas são de pegadas fossilizadas do Cambriano Inferior; depois, apareceram os fósseis do corpo. Os trilobitas (ver figura 11) tinham, como seu nome sugere, três lobos: uma estrutura central ao longo do comprimento do corpo e um lobo de cada lado. Seus corpos são divididos de três maneiras, também de frente para trás: um protetor de cabeça chamado cefalão, uma parte do corpo chamada tórax e um escudo caudal chamado pigídio. O corpo inteiro é segmentado de frente para trás e cada um dos segmentos torácicos continha uma pata e uma brânquia com forma de pena. Os trilobitas percorriam o fundo do mar engolindo presas pequenas ou arando os sedimentos em busca de comida. A boca era uma espécie de alçapão sob o cefalão. Na parte da frente da cabeça estavam as antenas, usadas, como em seus parentes modernos – lagostas, caranguejos e insetos –, para sentir o ambiente à frente (os trilobitas viviam em nuvens de lama do leito revolvido do mar e em águas profundas). No entanto, a maioria dos trilobitas tinha olhos, normalmente muito aguçados. Cada olho consistia em numerosos tubos oculares, cada um com uma lente, como os artrópodes modernos. Os paleontólogos dissecaram esses olhos (a lente é um cristal de calcita que sobrevive inalterado pela fossilização) e viram através deles; que estranho, ver o mundo como um trilobita viu há 500 milhões de anos!

Outros animais do Cambriano incluíam os arqueociatos, geralmente de forma cônica, habitantes dos fundos marinhos, que formavam recifes modestos. Pensava-se que os arqueociatos fossem uma espécie de coral, mas estão mais provavelmente relacionados com as esponjas, embora tivessem um esqueleto de carbonato de cálcio mais substancial. Em alguns lugares, os seus recifes podem chegar a 10 metros de profundidade. Havia também formas mais modernas de esponjas, mas muitas vezes são conhecidas apenas com base nos vestígios de seus esqueletos – não mais que um punhado de espículas. Havia conchas cônicas estranhas chamadas hyolita, um grupo comum no Cambriano, mas de afinidades incertas. Finalmente, nosso próprio filo, os cordados, dos quais os vertebrados são um subfilo, apareceram no Cambriano, com uma variedade de pequenas criaturas em forma de folhas ou de girinos que nadavam flutuando o corpo achatado de um lado para o outro.

Chengjiang: uma janela para a Explosão Cambriana

A Explosão Cambriana é documentada em detalhes sem precedentes graças à incrível boa sorte de um conjunto especial de sítios de fósseis na China. A fauna de Chengjiang, da província de Yunnan, no sul da China, foi descoberta em 1912, mas não foi estudada em detalhes até os anos 1980 e 1990. As camadas de rocha de Chengjiang, os xistos de Maotianshan, são de aproximadamente 50 metros de espessura e datam de 525 a 520 milhões de anos, representando a segunda metade da Explosão Cambriana.

Até agora, cerca de 185 espécies já foram identificadas na biota (isto é, a fauna e a flora) de Chengjiang: algas, medusas, esponjas, priapúlidas, vermes anelídeos, equinodermos, artrópodes (incluindo os trilobitas) e cordados (os peixes mais antigos do mundo, bem como cordados invertebrados). Os artrópodes são os organismos dominantes, compondo 45% da fauna; outros 40% pertencem aos demais grupos nomeados, e cerca de 15% das espécies representam grupos "enigmáticos". Esses fósseis são um verdadeiro quebra-cabeça: os paleontólogos não têm a menor ideia do que possam ser aqueles enigmáticos organismos.

Os fósseis mostram todas as características do esqueleto e também dos tecidos moles como pele, vestígios de intestino, pigmentos de olhos, estruturas branquiais e músculos segmentados. Os tecidos moles são preservados como películas de argila e são, por vezes, incrivelmente coloridos – vermelhos, roxos, amarelos –, devido à adição de quantidades variáveis de óxidos de ferro. Mas por que essa preservação magnífica? A configuração sedimentar da biota de Chengjiang parece ter sido um mar raso. Os sedimentos são essencialmente compostos de grãos finos – lama e siltito –, e por isso não havia muito marulho ou atividade das correntes. Os animais que viviam no fundo do mar, e aqueles que nadavam acima, devem ter morrido, e suas carcaças, acumuladas sem perturbação. Devido a mudanças de temperatura sazonais e à estagnação do ambiente, é provável que as águas do fundo tenham ficado anóxicas em determinados períodos, o que teria afastado os seres detritívoros e acelerado a réplica de músculos e outros tecidos moles por meio da ação de bactérias e de minerais argilosos.

Os artrópodes de Chengjiang fornecem algumas pistas sobre a origem dos esqueletos. Os trilobitas de Chengjiang, assim como seus parentes posteriores, tinham esqueletos duros de carbonato de cálcio que permitiam a rápida fossilização. O restante dos artrópodes de Chengjiang – mais de 90% das espécies de artrópodes – possuíam esqueletos muito mais moles, que careciam de um componente mineralizado. Esses esqueletos eram feitos de quitina, a proteína que é o principal constituinte do exoesqueleto dos insetos, por exemplo. Alguns dos artrópodes não mineralizados só seriam conhecidos com base em fósseis incompletos, não fosse por sítios de conservação excepcionais como o Chengjiang. O tamanho do *Anomalocaris*, por exemplo, encontrado também no folhelho Burgess, no Canadá, variava de 60 centímetros a assombrosos 2 metros. Esse predador gigante lembrava um trilobita, com vários segmentos, cabeça e cauda. Nadava provavelmente agitando os grandes lobos flexíveis ao longo da lateral de seu corpo e agarrava as presas curvando seus grandes braços encouraçados e flexíveis que ostentavam ferrões farpados. Em seguida, enfiava a pobre presa em uma boca circular que era cercada pela estrutura mais surpreendente, que parecia uma rodela gigante de abacaxi, mas certamente era composta por placas que deslizavam uma sobre a outra, abrindo e fechando como o diafragma de uma câmera fotográfica antiga.

Os primeiros cordados

Igualmente surpreendentes e inesperados são os cordados primitivos de Chengjiang. Os paleontólogos sempre pensaram, talvez de maneira um tanto presunçosa, que o filo dos cordados, ao qual nós e todos os outros vertebrados pertencemos, teria aparecido um pouco mais tarde do que os outros filos. Afinal, os cordados não foram, de certa forma, o ápice da evolução dos animais? Não exatamente. Uma grande diversidade de cordados rudimentares de um tipo ou de outro atravessou o mundo paleontológico com disputas de alto nível. Os tecidos moles estão lá para ser vistos, discernidos pelos tons gritantes de roxo, vermelho e amarelo. Centenas de espécimes são retirados dos sítios de Chengjiang, muitos por equipes de coletores empregados por diferentes museus para esse fim. Na verdade, há seis equipes de cientistas na China em busca desse graal geológico. Os fósseis são inspecionados em diferentes instituições, e as descrições escritas e os manuscritos passam de mão em mão e são zelosamente guardados até que sejam publicados. Cada mancha e rabisco de tecido mole é interpretada e reinterpretada – isso é o vestígio de um intestino ou um cordão nervoso, um indício de fígado ou um fragmento do almoço, um cérebro esmagado ou uma narina?

A descoberta mais impressionante foi o *Myllokunmingia*, identificado em 1999, o peixe mais antigo e, portanto, o mais antigo vertebrado. Mais de 500 espécimes foram coletados até agora e todos eles mostram um pequeno peixe aerodinâmico de 3 centímetros de comprimento. A cabeça é maldefinida, mas a provável boca pode ser vista na parte frontal. Atrás dela há cinco ou seis bolsas branquiais. Até 25 conjuntos de músculos em forma de duplo V se estendem por quase todo o comprimento do corpo. Outros órgãos internos incluem uma cavidade cardíaca e um intestino largo. Há uma barbatana dorsal ao longo dos dois terços anteriores do corpo, e uma nadadeira, ao longo dos dois terços posteriores. Pensa-se que é um vertebrado, devido à presença de uma cabeça notável com possíveis órgãos sensitivos (os vertebrados são também chamados de "craniados", que significa animais com cabeça). Como sempre acontece em áreas tão controversas, dezenas de trabalhos foram publicados sobre o *Myllokunmingia* e seus parentes próximos (talvez existam três ou quatro espécies, talvez uma única), e sua anatomia precisa é objeto de debate.

Outros possíveis cordados incluem o filo Vetulicolia, classe de criaturas antigas conhecidas somente em Chengjiang. Entre os cordados modernos, os vertebrados, com espinhas dorsais, são o grupo dominante absoluto, mas existem outros cordados, como os anfioxos e os urocordados. Os urocordados, quando adultos, não parecem em nada com vertebrados: são sacos carnudos fixos ao fundo do mar e se alimentam bombeando água para dentro e para fora de sua cavidade central. Mas o indício de seu verdadeiro parentesco se encontra em sua forma larval, um pequeno nadador livre parecido com um girino, que possui uma corda dorsal cartilaginosa – uma haste enrijecida ao longo das costas –, a característica distintiva dos cordados. O anfioxo é um cordado mais convincente quando adulto, pois mantém a notocorda e nada livremente durante toda a vida.

Várias espécies de vetulicolianos foram identificadas em Chengjiang, e todas elas parecem balões canudos atados no meio. O corpo é dividido em duas partes, com uma seção bulbosa na frente e atrás de uma conexão flexível. Há uma grande boca com um anel reforçado, e dentre as estruturas internas preservadas estão as entranhas. Ambas as partes do corpo parecem estar atravessadas por faixas de tecidos transversais, possivelmente músculos ou tecidos de sustentação. No segmento que inclui a boca, supostamente a parte da frente do corpo, há cinco estruturas circulares em linha que têm sido interpretadas como fendas branquiais. Sem dúvida, os vetulicolianos são enigmáticos. A série de fendas branquiais indica que eles são cordados, pois esta é uma característica observada apenas em cordados modernos. Mas isso é controvertido, e é possível que os vetulicolianos não pertençam aos cordados e sejam, na verdade, parentes destes e dos equinodermos. Se forem cordados, alguns autores os associam com as ascídias, enquanto outros os veem como a própria base da árvore do filo dos cordados.

A biota de Chengjiang talvez seja menos famoso que os fósseis do folhelho Burgess, no Canadá (ver figura 11). O folhelho Burgess é mais jovem e, portanto, posterior à Explosão Cambriana, mas foi estudado em muito mais detalhes durante cem anos. Muitas das criaturas incríveis de Chengjiang, como o *Anomalocaris*, são conhecidas também do folhelho Burgess. Outras, como os primeiros cordados, não estão tão bem representadas. A história do folhelho Burgess foi explorada muitas vezes em relatos primorosos e eloquentes.

Significado da Explosão Cambriana

A Explosão Cambriana gerou muitos debates; alguns especialistas a interpretam como única na história da vida, outros a veem como mais uma das tantas explosões de diversificação e outros negam sua existência. Por ora, suponhamos que foi real e vejamos em que ela pode nos ajudar.

A visão "padrão" da Explosão Cambriana é que todos os principais grupos de animais marinhos se diversificaram depois de terem adquirido esqueletos. Mas por que essa diversidade de esqueletos apareceu ao mesmo tempo? Os geólogos há muito tempo especulam que talvez a composição química da atmosfera e dos oceanos tenha mudado profundamente no final do Neoproterozoico. Talvez os níveis de oxigênio estivessem demasiado baixos para que uma grande quantidade de animais maiores evoluísse, ou a composição química dos oceanos tenha permitido que mais carbonato e fosfato entrassem em circulação e, dessa forma, se tornassem disponíveis para que os animais desprotegidos pudessem capturá-los e fabricar esqueletos.

É, francamente, difícil acreditar em qualquer dessas ideias um tanto simplistas. Os níveis de oxigênio já vinham aumentando durante o Pré-Cambriano, e não está claro se um limiar importante foi superado exatamente no início do Cambriano. Além disso, é importante aclarar que os animais relativamente grandes do Ediacara haviam existido, embora sem esqueletos, cerca de 50 milhões de anos antes. Além disso, a ideia de que a mineralogia dos oceanos mudou e que isso desencadeou a aquisição de esqueletos entre grupos diversos, todos ao mesmo tempo, também é demasiado mecanicista – como se os organismos esperassem a aparição de um mineral e, em seguida, as várias linhagens evolutivas o incorporassem em seus corpos de forma independente.

Em detalhe, os fósseis mostram uma Explosão Cambriana um tanto prolongada, de pelo menos 10 milhões de anos – um instante geológico, mas muito tempo para viver. O mais provável é que a aquisição sequencial dos esqueletos tenha sido parte da chamada "corrida armamentista evolutiva". Se um grupo desenvolveu um esqueleto – fosse esse baseado em quitina ou mineralizado por carbonato ou fosfato –, outros podem ter precisado seguir o mesmo caminho. Se um grupo de presas se torna blindado, os predadores terão de aprender a combater as novas defesas ou morrerão. Uma forma de perfurar a blindagem é ter apêndices blindados. Da mesma maneira, o surgimento de formas predatórias como trilobitas e o monstro *Anomalocaris* exerceria uma pressão evolutiva bastante direta sobre todos os outros organismos da época para se tornarem blindados ou morrerem.

Houve outra área de controvérsia com relação à Explosão Cambriana. Stephen Gould, em seu livro *Vida maravilhosa – O acaso na evolução e a natureza da história*, defendeu de forma contundente que o Cambriano foi uma época única, que cada espécie do folhelho Burgess era tão surpreendentemente distinta de outras formas que aquele foi um período de grande evolução da anatomia. Ele fez a afirmação específica de que a diversidade de artrópodes, no que concerne à estrutura básica do corpo, foi maior no Cambriano do que em qualquer outro momento da história. Gould usou isso para criar uma nova metáfora para a evolução: que de alguma forma, no Cambriano, os artrópodes e outros grupos de animais se diversificaram de modo tão desenfreado que exploraram ao máximo as possibilidades genéticas. Desde então, a evolução, segundo ele, vem podando esse espantoso crescimento da base da árvore evolutiva dos animais. Pelo menos metade da enorme diversidade cambriana se perdeu. Essa foi a evolução por explosão e poda.

A maioria dos outros pesquisadores rejeitou a ideia de Gould, e penso que ele próprio a descartou anos depois, percebendo que talvez tenha se deixado levar por sua prosa rebuscada. Em um estudo desapaixonado ("fatos horríveis e belas hipóteses?"), Matthew Wills, da Universidade de Bath, realizou uma análise quantitativa aprofundada da disparidade (variação na forma) da fauna de artrópodes do folhelho Burgess e da fauna dos artrópodes modernos. Ele mostrou que as variações na forma entre os membros de ambos os grupos eram similares. Se compararmos uma lagosta e uma borboleta, uma aranha e um caranguejo-aranha, um besouro-rinoceronte e um ácaro, as disparidades são tão grandes quanto as observadas no Cambriano, ou mesmo maiores. Esses resultados podem ser generalizados para comparar todo o oceano cambriano com toda a fauna moderna ou se concentrar em uma região geográfica de hoje para torná-la mais comparável com a localização específica do folhelho Burgess.

Mas isso realmente aconteceu?

Em 1996, os paleontólogos foram surpreendidos por uma bomba. Novas evidências moleculares publicadas por Greg Wray e seus colegas da Duke University sugeriram que os animais se diversificaram há cerca de 1,2 bilhão de anos. Essa estimativa precede a fauna de Ediacara em aproximadamente 600 milhões de anos, e a Explosão Cambriana em 650 milhões de anos. Essas novas evidências indicavam que o registro fóssil de animais pré-cambrianos (e, supostamente, de todos os outros fósseis) era ainda mais deficiente do que se pensava: a Explosão Cambriana adentrava profundamente no Pré-Cambriano.

Wray obtivera novos dados de DNA/RNA de diversos grupos de animais e tentava descobrir o padrão de relacionamento entre eles. Isso fazia parte de uma tarefa primordial e tremendamente importante que está longe de ser concluída: descobrir o formato real da árvore de metazoários (o termo técnico para os animais). Com base em séculos de estudo de anatomia e fósseis, não existia um verdadeiro consenso sobre as relações entre os principais filos de metazoários: talvez os artrópodes estivessem relacionados com os anelídeos (vermes), talvez as esponjas estivessem perto da base da árvore e talvez equinodermos e cordados fossem parentes próximos. Os outros vinte grandes filos de metazoários eram difíceis de situar. As evidências moleculares certamente revolucionaram nossa concepção da evolução dos metazoários e revelaram padrões de parentesco nunca antes imaginados. As principais descobertas foram o Bilateria – todos os animais simétricos bilateralmente, como os cordados (equinodermos, artrópodes e várias criaturas vermiformes) – e, dentro do Bilateria, o Ecdysozoa (todos os animais que mudam seu esqueleto de tempos em tempos, como os artrópodes, os nematoides e seis ou sete outros grupos menos conhecidos).

No entanto, uma vez que você tem uma árvore, convém identificá-la com datas. Quando o Metazoa, o Bilateria, o

Ecdysozoa e todos os outros grupos e subgrupos fundamentais se originaram? Wray e seus colegas, aplicando o relógio molecular, determinaram que o Metazoa teve origem há 1,2 bilhão de anos, o que foi confirmado por estudos posteriores.

Durante vários anos, houve um intenso debate em torno dessas duas abordagens. Alguns alegaram que os fósseis não podiam mentir e que as datas moleculares deviam estar erradas (eu era um deles); outros aceitaram as novas datas e disseram que o registro fóssil, infelizmente, era incompleto; e um terceiro grupo dizia que ambas as datas estavam mais ou menos corretas, e que a diferença de 600 milhões de anos era um longo período de evolução não observável. O termo "fusão filogenética" foi inventado para descrever tal situação, em que um grande grupo (neste caso, os metazoários) diverge, e isso é identificado pela data molecular, mas os primeiros fósseis aparecem muito mais tarde. A "fusão" se refere à hipótese de que a evolução continuou acontecendo, mas os organismos eram pequenos e raros, e por isso não eram detectados como fósseis. Em um momento posterior, algo ocasionou a expansão repentina do grupo e os fósseis passaram a ser encontrados.

É difícil acreditar em um período tão longo de evolução não detectável. A "fusão filogenética" pode ser uma explicação razoável para 5 ou 10 milhões de anos de evolução oculta, mas é improvável que um grupo possa se sustentar por tanto tempo sem se diversificar ou se extinguir.

O fim do debate teórico sobre a "fusão filogenética" foi precipitado por estudos mais recentes, realizados por Kevin Peterson e outros pesquisadores da Dartmouth University. Esses estudos usaram as novas evidências moleculares para mostrar que a data estimada para a origem dos metazoários era realmente entre 650 e 600 milhões de anos mais antiga que o primeiro fóssil, mas não muito mais antiga que as enigmáticas faunas ediacaranas, por exemplo. As primeiras análises enfrentaram uma série de problemas com os genes e os métodos de cálculo. O principal problema foi, entretanto, que todas as datas foram inferidas com base nas datas dos fósseis para o início da separação entre os peixes e outros vertebrados. O que os analistas anteriores não sabiam é que o relógio molecular dos vertebrados é um pouco mais lento do que o dos outros filos de metazoários. Assim, inferindo com um relógio lento, mas pressupondo um ritmo rápido, a estimativa aumenta demasiado; na verdade, isso praticamente a duplica, de 650 a 600 milhões de anos para 1,2 bilhão.

Desse modo, a Explosão Cambriana volta aos eixos, ou quase! Ainda se discute se todos os grupos de metazoários – como parece provável – surgiram como formas nuas bem nos primórdios do Neoproterozoico, nos tempos da fauna de Ediacara ou mesmo um pouco mais cedo. Sendo assim, os primeiros 50 ou 100 milhões de anos da história desses grupos estão faltando. E se a Explosão Cambriana realmente representa a aquisição rápida e generalizada de esqueletos, ou se é, de alguma maneira, um artefato de preservação, é uma pergunta que continua sem resposta.

A Explosão Cambriana é ainda maravilhosa e misteriosa em igual medida. A nova vida que se estabeleceu nos oceanos – todos os trilobitas, braquiópodes, equinodermos, cordados, moluscos e outros – continuou evoluindo e desenvolvendo ecossistemas cada vez mais complexos durante o Cambriano e nos períodos posteriores, o Ordoviciano e o Siluriano. Mas algo a mais estava acontecendo nesse momento: algumas formas de vida já estavam explorando as margens dos oceanos e dando o grande salto para a terra.

Capítulo 4

A origem da vida na terra

> Quando foram para a costa, os animais que empreenderam uma vida terrestre levaram consigo uma parte do mar em seu corpo, um patrimônio que passaram a seus descendentes e que ainda hoje vincula cada animal terrestre com sua origem no mar primitivo.
>
> Rachel Carson, *O mar que nos cerca* (1951)

Toda a vida veio do mar, e não só os animais carregam parte dessa herança da vida aquática: as plantas também. A história clássica é a de que as plantas emergiram das profundezas das águas, talvez no período Siluriano ou Devoniano, há cerca de 400 milhões de anos, e logo foram seguidas por insetos e vermes, e também por outros pequenos animais que conseguiam encontrar novos lugares para morar e se alimentar entre os galhos das plantas mais simples da terra. Esses pequenos seres rastejantes foram, por sua vez, seguidos pelos primeiros vertebrados em terra, quando alguma criatura corpulenta com forma de peixe se arrastou sobre a lama da orla e começou a comer moscas.

Como sempre, a realidade é bem mais complexa, e as novas descobertas de fósseis situam a origem da vida terrestre muito mais longe no tempo do que se imaginava. De fato, é bem possível que tenham existido alguns organismos microscópicos simples fotossintetizantes nas orlas dos mares e lagos, mesmo em épocas neoproterozoicas. Mas realmente importa quando a vida mudou para a terra (ou, como se costumava dizer, "conquistou a terra")? Será que isso só nos interessa porque somos terrestres? Na verdade, a vida na terra é extremamente importante por duas razões.

A primeira razão é que a vida na terra representa a maior parte da biodiversidade moderna. Enquanto cerca de 500 mil espécies vivem no mar atualmente, pelo menos dez vezes esse número vive na terra. A maior parte da biodiversidade moderna consiste em insetos, mas outros grupos terrestres, como outros artrópodes (aranhas, centopeias), e plantas que dão flores, são muito mais ricos em espécies do que qualquer coisa no mar. Portanto, a vida realmente prosperou depois que ocupou a terra.

Em segundo lugar, a vida mudou a superfície do planeta. Antes de existir vida na terra, não havia solos. A superfície da Terra era rochosa e as taxas de erosão eram enormes, mais de dez vezes o que são hoje. As montanhas eram penhascos rochosos e as planícies baixas eram dominadas por tempestades de areia. Quando a vida se mudou para a terra, os solos se formaram (solo é simplesmente o pó das rochas mais matéria orgânica), e os animais e plantas se arrastaram para fora da água e cobriram mais e mais a superfície. Mas esse processo realmente começou no Neoproterozoico?

Cogumelos pré-cambrianos

Quando os biólogos moleculares apresentaram provas de que alguns grupos de plantas existiam há 600 milhões de anos, os paleontólogos ficaram indignados. Essa afirmação recuou em 200 milhões de anos o registro de plantas terrestres. No entanto, há de fato alguns fósseis excelentes de possíveis liquens de rochas daquela idade. Os liquens são associações *simbióticas* (mutuamente benéficas) entre fungos e organismos fotossintetizantes verdes, geralmente uma alga ou uma cianobactéria.

Em 2005, liquens do Pré-Cambriano foram identificados em rochas neoproterozoicas de Doushantuo, na China, uma fonte notável de fósseis excepcionalmente bem preservados de idade extraordinária. Os espécimes estão tão bem preservados, mesmo no nível celular, que a maioria dos paleobotânicos estão convencidos das novas descobertas. Há muito tempo, suspeita-se de que as cianobactérias formaram crostas finas na terra – como fazem hoje em regiões desérticas –, realizando fotossíntese e compondo um "solo" fino no Proterozoico. Os solos fósseis mais antigos, datados de 1,2 bilhão de anos, foram provavelmente gerados pela atividade de micróbios ou de algas. Os liquens de Doushantuo provam que a superfície terrestre, ao menos perto da água, já era verde no final do Pré-Cambriano, muito antes de as plantas realmente conquistarem a terra.

Entretanto, é claro, os liquens são associações de fungos, e os fungos não são plantas (ver p. 36). Assim, os resultados moleculares que apontam para uma origem pré-cambriana das plantas verdes ainda são muito contestados. Aparentemente, só mais tarde as plantas verdadeiras mudaram para a superfície terrestre.

Plantas verdes sobre a terra

A terra começou a ficar verde no Ordoviciano, cerca de 450 milhões de anos atrás. As primeiras plantas terrestres parecem ter sido briófitas, comumente chamadas de musgos e hepáticas. Os fósseis de briófitas mais antigos registrados provêm do Ordoviciano – embora as interpretações sejam incertas –, e existe um possível parente do Cambriano, a *Parafunaria*, da China.

Há outros indícios de que as plantas verdes eram moderadamente diversas, pelo menos em alguns locais, no período Ordoviciano. Por exemplo, os solos ordovicianos com estruturas similares a raízes sugerem que as plantas já estavam em terra. Algo importante parece ter acontecido no Ordoviciano Médio, quando as características dos grupos de microfósseis mudaram radicalmente: apareceram esporos. Os *esporos* são células microscópicas transportadas pelo ar que são típicas de plantas terrestres. Portanto, embora ainda não se tenham encontrado fósseis dessas plantas terrestres mais antigas, elas devem ter estado lá, porque estavam produzindo esporos. Mas a natureza desses esporos é controversa: não se sabe ao certo se eles realmente vieram de plantas verdes ou se podem simplesmente ser o produto de algas verdes.

Em 2003, Charlie Wellman, da Universidade de Sheffield, mostrou que os esporos do Ordoviciano foram provavelmente produzidos por pequenas briófitas, possivelmente similares a hepáticas. Ele verificou semelhanças detalhadas entre as paredes dos esporos e as das hepáticas modernas, e também encontrou aglomerações de esporos contidos em uma espécie de película que parecia com o aparelho esporífero de uma hepática.

As briófitas de hoje apresentam adaptações especiais para a vida na terra, como uma película impermeável sobre suas folhas e caules. Muitas também têm *estômatos*, aberturas especializadas sob as folhas usadas para controlar a perda de água. Algumas briófitas têm a capacidade incomum de secar completamente e reidratar-se quando a chuva cai. Parece, então, que plantas musgosas e diminutas invadiram a terra no Ordoviciano, e que as plantas verdes apareceram depois.

Adaptação à vida na terra

Como seres humanos, para quem a natação requer certo esforço, nós naturalmente pensaríamos que o principal desafio para um ser aquático na terra seja respirar. No entanto, extrair oxigênio do ar – em vez de extraí-lo da água – foi, de fato, o menor dos problemas dos primeiros animais terrestres. E, para as plantas, os desafios são obviamente muito distintos, e estão relacionados, sobretudo, à obtenção de nutrientes e água, à prevenção da desidratação e à sustentação.

Nutrição em primeiro lugar. Na água, uma planta pode absorver água e nutrientes por toda a superfície, mas em terra, todos os materiais devem ser retirados do solo e percorrer os tecidos internamente. As plantas terrestres normalmente têm raízes especializadas que extraem do solo a umidade e os íons nutrientes, que são transportados por sistemas condutores de água que conectam todas as células. O sistema é movido a *transpiração*, processo impulsionado pela evaporação da água das folhas e caules. Na medida em que a água sai da parte aérea da planta, os fluídos são trazidos ao sistema de condução de água hidrostaticamente.

A perda de água é um segundo problema fundamental para as plantas terrestres. Enquanto na água os líquidos podem passar livremente para dentro e para fora de uma planta, as plantas terrestres estão cobertas com uma camada impermeável, a *cutícula* cerosa. As trocas gasosas podem ser controladas por aberturas especializadas, os estômatos, muitas vezes localizados na parte inferior das folhas – forma em que podem ser vistos em algumas briófitas. Normalmente, os estômatos abrem e fecham dependendo da concentração de dióxido de carbono, da intensidade da luz e do estresse hídrico.

O terceiro problema da vida na terra é a sustentação. As plantas aquáticas simplesmente flutuam, e a água faz com que flutuem de forma neutra. A maioria das plantas terrestres, até mesmo as pequenas, ergue-se a fim de potenciar ao máximo a absorção de luz solar para a fotossíntese, e isso requer algum tipo de estrutura de sustentação esquelética. Todas as plantas terrestres contam com um *esqueleto hidrostático*, uma estrutura rígida sustentada pela água em capilares, e alguns grupos desenvolveram uma sustentação estrutural complementar graças à disposição de *lignina* – um polímero orgânico resistente – nas fibras internas e nos canais do tronco.

As primeiras plantas vasculares

A mais antiga planta vascular conhecida é uma *Cooksonia*, do Siluriano Médio – por volta de 425 milhões de anos atrás –, do Sul da Irlanda, um gênero que sobreviveu por cerca de 30 milhões de anos. As *Cooksonia* (ver figura 12) são compostas de um caule cilíndrico que se bifurca em vários pontos e cujas ramificações culminam em uma estrutura portadora de esporos com forma de chapéu na ponta de cada ramo. Os espécimes de *Cooksonia* variam em tamanho, de pequeníssimos exemplares do Siluriano, com apenas alguns milímetros de altura, a formas maiores, pertencentes ao Devoniano, com até 6,5 centímetros de altura.

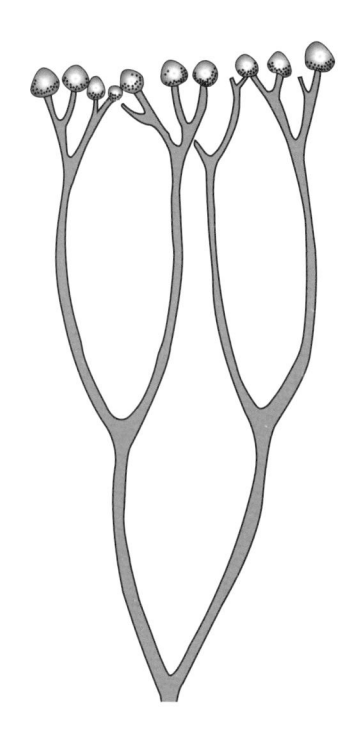

12. *Cooksonia*.

Em estudos ao longo da vida dessas pequenas plantas extraordinárias, Dianne Edwards, da Universidade de Cardiff, descobriu esporos nos órgãos esporíferos, a presença de paredes mais grossas para os tecidos condutores vasculares, e estômatos na superfície externa do caule. Todas essas descobertas foram conquistadas contra todas as probabilidades: a maior parte do material está incompleta e tudo tem de ser processado por meio de vários protocolos elaborados.

Embora a *Cooksonia* no Siluriano possivelmente tenha atingido uma altura de 6 centímetros no máximo, pouco mais que a altura da grama aparada, as plantas vasculares se tornaram bem maiores no início do Devoniano, 400 milhões de anos atrás. Essas formas terrestres do Devoniano Inferior são mais conhecidas com base em um sítio fóssil extraordinário na Escócia, o famoso sílex de Rhynie. A localidade é remota, mas quando os primeiros fósseis foram encontrados, em 1914, logo atraíram grande atenção. Estas não só eram algumas das plantas mais antigas já encontradas, como também eram diversas, e perfeitamente preservadas. Além disso, aqui e ali entre os caules e talos havia pequenos artrópodes e outros animais.

Os fósseis de Rhynie foram preservados por silicificação causada pelas nascentes de água quente. Pesquisas recentes realizadas por Nigel Trewin e Clive Rice, da Universidade de Aberdeen, mostraram que grande parte da Escócia era, naquela época, uma zona vulcânica ativa. No Devoniano Inferior, Rhynie era como o Parque Nacional de Yellowstone hoje, com gêiseres em erupção submergindo a vegetação em águas ricas em sílica a uma temperatura de 35 graus – um ecossistema congelado (ou melhor, fervido) no tempo. O sílex de Rhynie é uma rocha incomum, dura, lascada, salpicada em preto e branco. Os fósseis não podem ser vistos facilmente na superfície, e eles têm de ser estudados em cortes transversais da pedra, que é polida até se tornar uma lâmina extremamente fina e colocada sob um microscópio para ser examinada com alto grau de ampliação.

Os fósseis de Rhynie incluem os restos de sete plantas vasculares terrestres, bem como algas, fungos, uma espécie de líquen e bactérias, e pelo menos seis grupos de artrópodes terrestres e de água doce. O surpreendente é a qualidade de preservação: podem-se ver cada célula e detalhes minuciosos, como se congelados em um instante e preservados para sempre.

O ecossistema de Rhynie não era uma floresta alta. Se você saísse para um passeio na Escócia no início do Devoniano, o manto verde das plantas provavelmente não se prolongaria muito além das beiras de lagoas e rios, e as plantas mais altas apenas roçariam seus joelhos (ver figura 13). Para

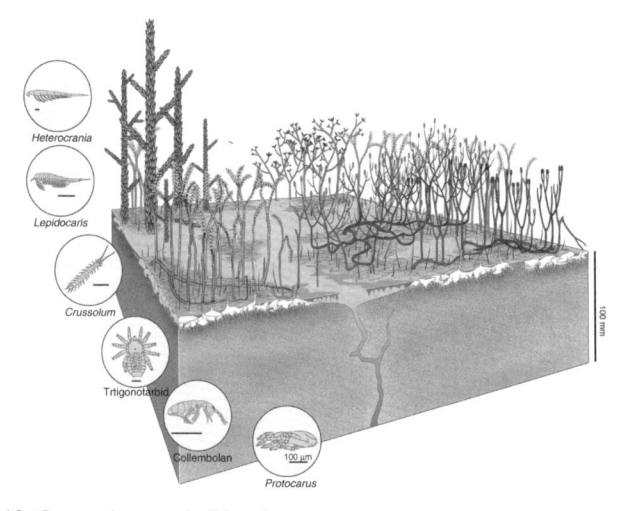

13. O ecossistema de Rhynie.

ver alguma coisa, você teria de engatinhar e examinar os caules através de uma lupa. A maioria das plantas mais altas tinha caules lisos, com bifurcações simples, sacos de esporos em forma de botão no topo dos caules – meros exemplos maiores de plantas como as do gênero *Cooksonia*. A *Asteroxylon* tinha pequenas folhas como escamas que cresciam do caule. Cortes transversais microscópicos dessas plantas mostram que elas tinham canais vasculares simples, estômatos e esporos terrestres. Entre as plantas rastejavam os trigonotarbidas (similares a aranhas) e artrópodes similares a insetos, e alguns são encontrados até mesmo nas cavidades dos caules das plantas. Havia crustáceos nas piscinas quentes.

Durante o restante do Devoniano, musgos e outras briófitas viveram em lugares úmidos, e parecem não ter mudado muito. No entanto, as plantas vasculares estavam evoluindo rápido. Elas ocuparam lugares cada vez mais distantes da orla. Todas as plantas de Rhynie tinham pés na água conectados a sistemas de rizomas horizontais na base, e os rizomas se encontravam, provavelmente, sob água ou lama úmida. Conforme o Devoniano avançava, mais e mais plantas vasculares desenvolveram sistemas radiculares próprios e passaram a ser menos dependentes de água parada. As raízes procuravam a umidade na profundidade e a água permeava a planta com a transpiração. Essas mudanças permitiram às plantas do final do Devoniano tornar-se maiores do que meros caniços, e pouco antes do início do Carbonífero, a época das grandes florestas tropicais (ver p. 97), algumas eram verdadeiramente parecidas com árvores.

Correndo pelos arbustos

Os paleontólogos saíram numa ativa caçada por provas de vida animal na terra associadas com os solos ordovicianos e outras acumulações antigas de solos e esporos. Até agora, sem sorte. Mas há alguns indícios intrigantes de que animais bem grandes de fato ocuparam a terra nessa época. Em 2002, Robert MacNaughton, do Serviço Geológico do Canadá, e outros colegas, relataram algumas grandes faixas produzidas por artrópodes em arenitos similares aos do deserto, datados do final do Cambriano ou início do Ordoviciano. Essas faixas têm até 29 centímetros de largura e mostram marcas simétricas em forma de V, provavelmente formadas pela extremidade traseira do animal, talvez uma espécie de molusco ou verme que abria passagem pelas areias da superfície. Um animal desse tamanho sobre a terra no final do Cambriano é uma verdadeira surpresa!

Os corpos fósseis mais antigos de animais terrestres provêm da Escócia e das fronteiras da Inglaterra com Gales e datam do final do Siluriano. Em uma série de estudos, Paul Selden e outros pesquisadores da Universidade de Manchester identificaram inúmeras espécies artrópodes terrestres com base em fragmentos de cutícula. Os fósseis são microscópicos e aparecem em argilitos pretos ricos em material orgânico e não são imediatamente óbvios. Os pesquisadores quebram o sedimento e o tratam com ácido – em geral, ácido fluorídrico –, a fim de acabar com todos os grãos de areia e detritos não orgânicos. Então, eles separaram as plantas e cutículas de artrópodes sob o microscópio. Estes estudos foram uma grande surpresa, porque Selden e seus colegas conseguiram extrair elementos diagnósticos que eram equivalentes a artrópodes modernos – pedaços de patas, protetores de cabeça, segmentos do corpo e outros detritos.

Os primeiros artrópodes terrestres incluem centopeias e trigonotarbidas. Os diplópodes são bastante familiares hoje, mas os trigonotarbidas são menos conhecidos. São artrópodes extintos similares a aranhas, com oito patas (como as aranhas atuais), e alguns provavelmente podiam tecer teia graças a fiandeiras localizadas na parte posterior do abdômen (também como as aranhas modernas). Os trigonotarbidas não têm o estreitamento entre abdômen e cabeça observado nas aranhas, e sim um corpo mais reto que lembra o de um besouro. Os trigonotarbidas eram caçadores e, ao que parece, escondiam-se entre as primeiras plantas, aguardando suas presas.

Conforme mencionamos, o sílex de Rhynie, um pouco mais jovem, também demonstrou ser uma fonte rica dos primeiros animais terrestres (ver figura 13). Os sílexes produziram diplópodes e trigonotarbidas, como os vistos em sítios do Siluriano Superior, mas também camarões e colêmbolos. Os animais do gênero *Collembola*, comumente chamados colêmbolos, são estranhas criaturas pequenas, muito parecidas com insetos, que apresentam uma estrutura bifurcada sob a barriga que é dobrada para a frente. Se ameaçados, os colêmbolos podem liberar a fúrcula, que, em uma fração de segundo, é capaz de catapultá-los pelo ar a uma distância que chega a 80 vezes seu próprio comprimento – uma boa defesa contra um trigonotarbida, ou aranha, indubitavelmente perplexo.

Antes do Devoniano Médio, alguns grupos de artrópodes mais modernos apareceram. O sítio de Gilboa, no Estado de Nova York, revelou fósseis de diplópodes, trigonotarbidas e ácaros, bem como dos primeiros insetos e aranhas. Os escorpiões existiam em depósitos de água doce antes desse período, mas as primeiras formas terrestres ocorrem no Devoniano Médio. Outros artrópodes provenientes desses sítios incluem os quilópodes predadores de pernas longas e os diplópodes detritívoros.

Os ecossistemas terrestres do Siluriano Superior e do Devoniano eram diferentes dos atuais. Os artrópodes foram principalmente detritívoros e carnívoros, e os herbívoros eram muito raros ou inexistiam. Os herbívoros requerem micróbios intestinais especializados que conseguem digerir a celulose e a lignina das plantas, e essa capacidade não parece ter existido no Siluriano e no Devoniano. Essa é uma grande diferença com relação às comunidades de artrópodes modernas, que são dominadas por insetos, e em que existem inúmeras formas que comem folhas e madeira – pense em todas as larvas que comem as plantas no jardim e nos cupins que podem devorar uma casa de madeira em semanas!

Até agora, vimos a vida entre os arbustos. Os artrópodes dos períodos Siluriano e Devoniano eram todos pequenos, com apenas alguns milímetros de comprimento. Eles foram acompanhados por vermes e caracóis, embora os registros fósseis desses grupos sejam escassos. Mais cedo ou mais tarde, porém, algo maior foi obrigado a avançar pesadamente para a terra firme e começar a comer todos esses pequenos vermes e artrópodes nutritivos.

Os primeiros tetrápodes

Vertebrados podem ser divididos sem excessivo rigor em peixes e tetrápodes. Os peixes têm barbatanas e nadam na água, e os tetrápodes (literalmente, "quatro patas") têm patas e andam sobre a terra. Os tetrápodes modernos são os anfíbios, os répteis, as aves e os mamíferos, mas os primeiros tetrápodes foram bem diferentes de tudo que existe hoje. A transição dos peixes aos tetrápodes aconteceu no Devoniano, um momento em que recifes de coral floresceram nos mares tropicais, e os peixes, muitos deles encouraçados, nadaram em mares rasos. De fato, alguns dos peixes devonianos encouraçados eram um tanto surpreendentes – o *Dunkleosteus* era um placodermo ("pele com placas"), que atingia 10 metros de comprimento, e podia engolir qualquer coisa com suas grandes mandíbulas. Outros peixes, entretanto, tinham pulmões e barbatanas musculares que eram utilizadas para arrastar seus corpos em leitos de lagos.

Uma descoberta notável em 2006 lançou nova luz sobre a transição de peixes a tetrápodes. Em rochas devonianas no Ártico do Canadá, foram encontrados três esqueletos que pareciam peixes robustos (brânquias, escamas, crânio aerodinâmico), mas tinham algumas características dos tetrápodes (membros vigorosos, com rotação do punho e do tornozelo, pescoço móvel, com costelas que suportam o peso). Essa criatura, chamada *Tiktaalik*, foi claramente capaz de se arrastar para a terra e respirar ar enquanto procurava outra lagoa.

O passo seguinte é visto em fósseis do Devoniano Superior na Groenlândia, de aproximadamente 370 milhões de anos, descobertos em 1929. Estes foram mais tarde denominados *Acanthostega* e *Ichthyostega* (ver figura 14).

Os dois mediam entre meio metro e 1,2 metro de comprimento e eram carnívoros, alimentando-se provavelmente de peixes. O *Acanthostega* e o *Ichthyostega* mantêm uma estrutura corporal com forma de peixe, com cabeça aerodinâmica e nadadeira caudal. O crânio é muito semelhante ao de seus antepassados, sendo levemente aerodinâmico e mantendo os canais da linha lateral. Essas estruturas são encontradas em muitos peixes do Devoniano e se supõe que continham nervos e órgãos sensoriais capazes de detectar movimentos subaquáticos. Os peixes modernos apresentam tais estruturas.

As principais diferenças com relação aos peixes são observadas nos membros e nas cinturas dos membros. Nos peixes, a cintura escapular liga-se à parte de trás do crânio, atrás das brânquias. Isso reforça a frente do corpo e propor-

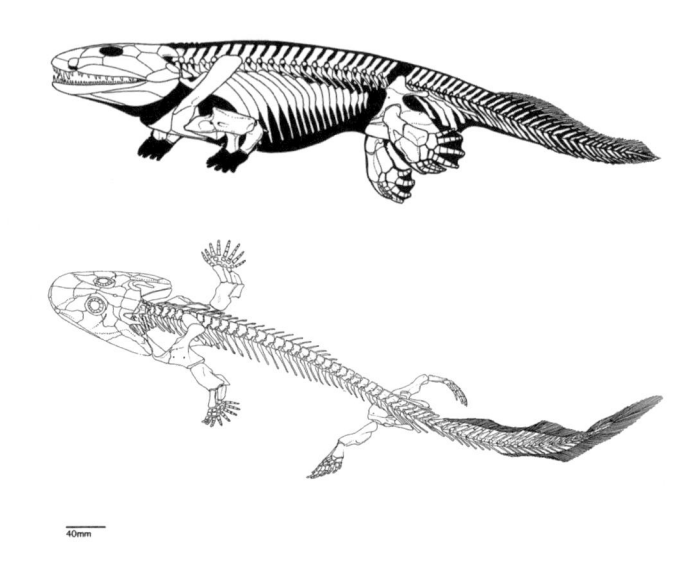

14. Reconstruções do *Ichthyostega* e do *Acanthostega*.

ciona uma âncora firme para as *nadadeiras peitorais*, o par frontal. Em um animal que anda sobre a terra, ter a cintura escapular unida ao crânio pode causar problemas: ao caminhar, o animal balançaria a cabeça o tempo todo, o que perturbaria sua audição e outros sentidos (e poderia fazê-lo vomitar o almoço). A *cintura pélvica*, a região do quadril, está unida à espinha dorsal de ambos os lados do corpo, proporcionando uma âncora ainda mais firme para os membros pélvicos.

Os membros do *Acanthostega* e do *Ichthyostega* são a chave de tudo. Conforme esperado, eles são exatamente como nossos braços e pernas – um único elemento superior, o úmero no braço e o fêmur na perna, um par de elementos inferiores no antebraço (rádio e ulna) e na canela (tíbia e fíbula), vários ossos no punho e no tornozelo, e os dedos. Mas quantos dedos?

Mike Coates e Jenny Clack, da Universidade de Cambridge, tiveram uma surpresa quando preparavam a região da mão de um dos seus espécimes de *Acanthostega* nos anos 1990: eles descobriram que tinha oito dedos. Em seguida, investigaram o membro posterior e descobriram que também contava com oito dedos. Na realidade, os espécimes clássicos de *Ichthyostega* apresentavam sete dedos das mãos e dos pés, e *Tulerpeton*, um parente da Rússia, seis.

Isso significa que ter cinco dedos não é algo fundamental para os tetrápodes. Os seres humanos deram demasiada importância a seus pés e mãos pentadáctilos (com cinco dígitos) – de fato, eles são a base do sistema decimal. Se tivéssemos mantido oito, sete, ou seis dedos, talvez nossa matemática fosse bem diferente. E, quanto a pianos e clarinetes, quem sabe? Coates e Clack foram muito claros sobre o que isso significava: nada há de fundamental acerca de se ter cinco dedos, e os estudos atuais da biologia do desenvolvimento mostram que isso é verdade.

Em sua etapa inicial de desenvolvimento, um embrião não possui membros. Depois, pequenos brotos de membros descaracterizados aparecem, os rudimentos de braços e pernas. À medida que o embrião cresce, os brotos de membros se prolongam e se diferenciam. Os ossos individuais do braço e da coxa aparecem primeiro, depois os elementos duplos da canela e do antebraço e, por último, os elementos do pulso e do tornozelo. Os dedos das mãos e dos pés saem na sequência, mas a quantidade não é predeterminada. Os efeitos de diferentes genes de desenvolvimento, interagindo com os tecidos do embrião em crescimento, determinam o número. Assim, os primeiros tetrápodes experimentaram com diferentes quantidades de dedos, e cinco se tornou mais ou menos a norma no final do Devoniano. Mas é claro que hoje muitos tetrápodes têm menos (rãs têm quatro, rinocerontes têm três, bovinos têm dois e cavalos têm um). Nenhum tetrápode com membros dispensou completamente os dedos dos pés ou das mãos.

Os tetrápodes do Devoniano Superior ainda eram aquáticos, como o demonstra a nadadeira caudal, o sistema de linhas laterais e as brânquias internas. A coluna vertebral era flexível, como a de um peixe, e o *Ichthyostega* e o *Acanthostega* poderiam ter nadado graças a movimentos vigorosos de suas caudas. Os membros são ainda mais orientados para nadar do que para andar, e as mãos e os pés, com sete ou oito dedos, são grandes pás. Se isso for verdade, e Mike Coates e Jenny Clack acreditam que os indícios são muito claros, temos que olhar para a origem dos hábitos terrestres em tetrápodes de um modo bastante diferente daquele tido como modelo padrão (ou seja, os peixes pisaram terra firme e ficaram lá).

Mike Coates afirmou que o *Acanthostega* viveu a maior parte do tempo em pântanos estagnados, entupidos de vegetação, e emergia em condições de umidade, mas, na estação seca, permanecia debaixo d'água e tragava ar na superfície. Na maior parte do tempo, ele caminhou submerso, pisando na vegetação e tomando impulso no fundo. Assim, pode ser que esses tetrápodes devonianos tenham realmente saído da água por um tempo e depois retornado a uma existência um pouco mais aquática, ou que nunca tenham mudado definitivamente para a terra. Isso, com certeza, aconteceu no Carbonífero, quando os tetrápodes se diversificaram e alguns se tornaram animais terrestres consagrados.

Sendo um animal terrestre...

Artrópodes e tetrápodes enfrentaram desafios diferentes quando abandonaram a água. Para os tetrápodes, o principal problema era o peso e a sustentação estrutural, ao passo que para os artrópodes menores esse provavelmente não foi um grande problema. Além disso, ambos os grupos tiveram que desenvolver novas formas de locomoção, bem como novas formas de alimentação, de detecção de presas e predadores, de balanço hídrico e de reprodução. A respiração aérea, como já mencionamos, era um problema relativamente menor.

Com todos esses problemas, pode parecer surpreendente que os animais tenham resolvido deixar para trás a segurança das águas do Siluriano e do Devoniano para se aventurar em terra. Alfred Sherwood Romer, o grande decano da paleontologia de vertebrados de meados do século XX, explicou que os vertebrados se mudaram para a terra a fim de voltar para a água. Esse não é um paradoxo: segundo o cientista, o Devoniano foi uma época de secas sazonais, e é provável que os peixes de água doce muitas vezes se encontrassem em piscinas estagnadas e em diminuição. Assim, aqueles que fossem capazes de inalar um pouco de ar, e se movimentar com esforço por um curso d'água até uma piscina próxima, sobreviveriam. Os peixes que não conseguissem respirar fora da água morreriam.

A ideia de Romer foi criticada porque o que há realmente são provas limitadas de secas no Devoniano (Romer não era sedimentólogo), e a teoria do "retorno à água" não explica por que os tetrápodes continuaram aperfeiçoando as adaptações para a vida na terra. É mais provável que artrópodes e vertebrados tenham mudado para a terra simplesmente para explorar novas oportunidades. Havia plantas onde os artrópodes podiam se esconder e cujos detritos formavam a base da cadeia alimentar. Uma vez que os artrópodes estavam lá, os tetrápodes certamente os seguiram e se fartaram com suculentos diplópodes e trigonotarbidas.

A sustentação estrutural foi a questão mais importante para os primeiros tetrápodes, como mencionado. Um peixe flutua pela água e o peso de seu corpo é praticamente zero. Em terra, no entanto, o corpo torna-se pesado, e a barriga tem de ser mantida afastada do solo se o animal pretende avançar sem desgastar a superfície ventral. Além disso, os órgãos internos pesam na caixa torácica, e existe um risco de sufocação ou dano. Todo o esqueleto precisa se modificar para compensar a gravidade, para manter os órgãos internos e para que o animal possa se erguer e se impulsionar para a frente.

Os tetrápodes se movem de forma muito diferente da dos peixes na água. Em vez de um movimento suave e deslizante impulsionado por uma sacudida lateral do corpo, os membros têm de operar de modo abrupto, produzindo passos.

Os peixes mais estritamente relacionados com os tetrápodes são os sarcopterígeos, ou de nadadeiras lobadas. Os sarcopterígeos atuais incluem os peixes pulmonados dos continentes do sul, e o famoso "fóssil vivo" *Latimeria*, o celacanto. Os sarcopterígeos devonianos eram um grupo diverso, e todos eles tinham barbatanas musculares contendo ossos e poderiam ter "caminhado" no leito de um lago como se sobre pernas de pau. Assim, foi preciso só um pouco mais de evolução para as nadadeiras musculares de um sarcoterígeo se tornarem um braço ou uma perna.

Os primeiros tetrápodes também tiveram de modificar as formas pelas quais eles se alimentavam e respiravam. Os crânios dos peixes sarcopterígeos ancestrais eram muito móveis, mas essa habilidade foi em grande parte perdida nos tetrápodes primitivos. Os movimentos das mandíbulas dos tetrápodes era muito mais simples do que os da maioria dos peixes, e eles só conseguiam abocanhar a presa, mas não mastigá-la. A respiração aérea exige pulmões, que os sarcopterígeos já possuíam. Os peixes pulmonados de hoje podem respirar ar com os pulmões, mas também podem absorver o oxigênio da água através das brânquias e de outros tecidos da boca. Sem dúvida, os primeiros tetrápodes também podiam respirar de várias formas.

Os sistemas sensoriais também tiveram que ser modificados nos primeiros tetrápodes. O sistema de linha lateral só podia ser utilizado na água. A visão era tão importante na terra como em águas rasas, e o sentido do olfato pode ter melhorado, mas não há evidência disso nos fósseis. Os tetrápodes primitivos tinham um sentido da audição deficiente no ar, assim como seus antepassados – sabemos disso porque o principal osso do sistema auditivo, o estribo, que liga o tímpano ao cérebro, era uma vara maciça de massa óssea, e certamente incapaz de discernir diferenças sutis nos sons.

...mas uma solução apenas parcial

Os primeiros artrópodes parecem ter se tornado mais ou menos adaptados à vida na terra em sua primeira tentativa. Eles tinham cutículas impermeáveis e alguns supostamente depositavam seus ovos em terra. Mas esse não era o caso dos primeiros tetrápodes: eles resolveram a maioria dos problemas de viver na terra, mas deixaram alguns sem solução.

O primeiro problema não resolvido foi a manutenção do equilíbrio de água. No ar, a água pode evaporar através da pele úmida do corpo; o revestimento da boca e as narinas, e os tetrápodes primitivos correram o risco de dessecação. Os primeiros tetrápodes provavelmente permaneceram próximos da água doce, que podiam beber a fim de evitar esse problema. Mais tarde, os répteis desenvolveram escamas e peles impermeáveis; com isso, puderam escapar totalmente da água e ainda assim evitar a dessecação, mesmo nas condições mais secas. Os primeiros tetrápodes certamente não foram capazes disso.

A reprodução foi o último obstáculo a ser superado, e os primeiros tetrápodes e os anfíbios de hoje não fizeram qualquer progresso evolutivo nesse aspecto. As rãs e as salamandras modernas depositam seus ovos em lagoas, e eclode uma ninhada de girinos. Os girinos são peixes realmente pequenos que vivem exclusivamente na água, e é só depois da metamorfose que o anfíbio adulto entra para uma vida mais terrestre, mas mesmo assim com muito desconforto. Sabemos que os tetrápodes primitivos tinham a mesma forma dupla de reprodução, pois foram encontrados fósseis de girinos. Mais uma vez, levou algum tempo até os répteis entrarem em cena e finalmente resolverem o problema de reprodução terrestre, graças à produção de ovos com casca que podem ser colocados sobre a terra seca.

O período Carbonífero seguiu o Devoniano, e essa foi a época das grandes florestas carboníferas. Elas não só representaram a origem do carvão – e, portanto, da revolução industrial e do mundo moderno –, como também uma época de mudanças aceleradas nos ecossistemas terrestres, em que o mundo, pela primeira vez, começou a assumir uma aparência similar à atual. Mas isso só é verdade quando visto à distância. Observando mais de perto, poderíamos ser surpreendidos por diplópodes de dois metros de comprimento, libélulas tão grandes quanto gaivotas e árvores gigantes que mais pareceriam samambaias do que qualquer coisa com que estamos familiarizados.

Capítulo 5

Florestas e voo

> Nas florestas do Carbonífero, as libélulas cresciam grandes como corvos. As árvores e outras vegetações similares atingiam proporções enormes.
>
> Bill Bryson, *Breve história de quase tudo* (2005)

Estas são as imagens mais conhecidas do Carbonífero: grandes florestas de árvores estranhas parecendo samambaias e insetos gigantes voando entre os troncos. A outra imagem, é claro, é o legado daquelas florestas exuberantes: as vastas minas de carvão das quais toneladas desse mineral são retiradas da superfície ou de escavações profundas em jazidas. O Carbonífero foi um período crucial na evolução da vida na terra. Foi o momento em que as plantas e os animais realmente consolidaram suas adaptações à vida terrestre e tomaram conta de todos os habitats e de todos os continentes. A rápida ascensão de insetos, tetrápodes e plantas marcou a estrutura vindoura dos ecossistemas terrestres.

A vida no mar não era menos rica. Os recifes tropicais abundavam, alguns deles com um quilômetro ou mais de comprimento e compostos por dezenas de espécies de corais. Braquiópodes, moluscos e equinodermos viviam entre esses organismos de recifes, e moluscos cônicos ou espiralados nadavam acima, lado a lado com tubarões e outros peixes, alguns com formas similares às modernas, outros mais estranhos e formidáveis. Alguns tubarões do Carbonífero eram longos e finos, outros lateralmente achatados; alguns apresentavam focinhos compridos e pontudos, outros tinham grandes fileiras de dentes na frente da boca, e alguns tinham até mesmo grandes espinhas ósseas, cobertas de dentes que se projetavam a partir da testa.

15. Margem de um rio do Carbonífero.

Mas é a vida na terra que vamos explorar aqui. As invenções biológicas fundamentais foram as florestas e o voo (ver figura 15). Antes do Carbonífero, as plantas eram escassas e se concentravam nas proximidades de corpos de água, e os animais rastejavam pelo chão. A vida terrestre explodiu no Carbonífero, as florestas cobriram grande parte da paisagem, e o céu foi povoado por numerosos insetos que zumbiam e silvavam. Foi por acaso que essas mudanças aconteceram naquela época, há cerca de 320 milhões de anos, ou havia algo de especial no mundo do Carbonífero?

O mundo do Carbonífero

O período Carbonífero, entre 360 e 300 milhões de anos atrás, foi um momento de fusão continental. No Devoniano existiram vários continentes: um continente principal setentrional, formado pela maioria da América do Norte e Europa, e vários continentes do hemisfério sul. No Carbonífero, essas massas de terra do norte e do sul começaram a se fundir e, de fato, em uma linha ao longo do Mediterrâneo atual, houve uma grande colisão quando a África avançou para o norte em direção à América do Norte e à Europa, causando terremotos e vulcões e criando uma cadeia de montanhas, dos Apalaches à Polônia, passando pela Irlanda e pela Alemanha. Grande parte da Europa e da América do Norte ficava em torno do equador do Carbonífero, e as condições tropicais prevaleciam em todas essas regiões.

Os climas durante os Carboníferos Inferior e Médio eram quentes, mas as condições mudaram no final do período. Uma grande glaciação começou a se desenvolver no Polo Sul. Nosso mundo atual é incomum, pois temos uma calota de gelo em ambos os polos, Norte e Sul, e é importante perceber que não houve gelo nos polos durante a maior parte da história da Terra. A ausência de calotas polares, como em grande parte do Carbonífero, significa que havia muito menos diferenciação de temperatura da linha do equador para os polos, em comparação com nossos dias.

Mas por que hoje há calotas se esta não é a norma? A suposição geral é que o gelo só pode se formar se há terra nos polos. É o chamado *efeito albedo*: o frio gera frio. Uma calota de gelo de certo tamanho é necessária para que isso aconteça. A luz solar é refletida por superfícies brancas (como o gelo) e absorvida por superfícies escuras. Portanto, uma camada de gelo é quase autossustentável por ser branca; albedo é a medida de luz refletida por um objeto, daí o termo. Se o gelo se acumula sobre a terra, em um dos polos, ou no alto das montanhas, tende a permanecer e não derreter, mesmo sob luz solar moderada. Nos polos, a temperatura nunca é muito alta por causa da inclinação da Terra com relação em Sol, de modo que o gelo do inverno pode permanecer durante todo o verão. A Antártida fica sobre o Polo Sul de hoje e a Groenlândia está suficientemente próxima do Polo Norte para ter o efeito adequado.

No Carbonífero, e em grande parte da história da Terra, os polos obviamente eram frios, mas não havia terra ali. Se há oceanos nos polos, o gelo marítimo do inverno desaparece a cada verão, e uma calota de gelo não pode se formar. A circulação e a agitação da água do mar também ajuda a acabar com as calotas de gelo: as águas frias profundas se movem de forma majestosa dos polos para o equador, e se elevam, empurrando assim as correntes de água quente, sempre lentamente, de volta para os polos.

No Carbonífero Médio, o supercontinente meridional chamado Gonduana (incluindo o que é hoje a América do Sul, a África, a Antártida e a Austrália) estava se deslocando para o sul, aproximando-se do polo. Conforme isso acontecia, uma calota de gelo começou a se formar e perdurou por 30 ou 40 milhões de anos, até o período Permiano, quando o gelo finalmente desapareceu na medida em que Gonduana se afastou do polo. Há muitos indícios dessa glaciação meridional, tanto geológicos quanto paleontológicos. Por um tempo, não houve vida perto do Polo Sul – os carvões desapareceram –, e as rochas mostram claras evidências de glaciação: rachaduras provocadas pelos glaciais e pelos depósitos glaciários, como observados no Neoproterozoico (ver p. 55), bem como areia compactada e contorcida pelo peso do gelo, e blocos dispersos e errantes, pedras que foram arrancadas pelas geleiras e caíram em outro lugar aleatoriamente.

As primeiras observações das provas de glaciação do Carbonífero foram elementos fundamentais para comprovar o conceito de deriva continental. Por volta de 1900, geólogos reuniram indícios de glaciação na Austrália, na África do Sul, na América do Sul e na Índia. Eles notaram que os rasgos glaciais apontavam para uma fonte de gelo anterior na África do Sul. Claramente, as geleiras irradiaram desse lugar, em direção à Austrália, a leste, à América do Sul, a oeste, e à Índia, ao norte. No mapa moderno, a Índia se encontra no hemisfério Norte; portanto, como – perguntaram-se os geólogos – o gelo poderia ter percorrido todo o caminho desde o Polo Sul e cruzado a linha do equador?

Carvão

O Carbonífero é famoso por seu carvão. Na verdade, o nome vem do francês *carbonifère*, que significa "produtor de carvão". Grandes jazidas de carvão ocorrem em rochas do Carbonífero Médio e Superior na Europa e na América do Norte. O carvão é quase puro carbono orgânico, composto de restos de troncos de árvores, folhas, galhos e outros detritos vegetais que foram enterrados e compactados. Às vezes, esses restos vegetais ainda podem ser vistos no carvão mineral; no carvão mineral de alto teor de carbono, como o antracito, os restos vegetais foram comprimidos e aquecidos em profundidade, e pouco de sua estrutura original permanece.

É um enigma por que é que há tanto carvão proveniente do Carbonífero, e não tanto de outros períodos. De fato, existem algumas jazidas de carvão de rochas mais jovens, e algumas delas são exploradas comercialmente, mas se tornam insignificantes frente às do Carbonífero. A explicação pode estar, em parte, nos padrões mundiais para a acumulação de carvão: devido aos movimentos específicos da Terra na época, e talvez devido à calota de gelo no Polo Sul, a terra estava se depositando rapidamente em muitas áreas, e espessas camadas de sedimentos terrestres se acumularam, incluindo jazidas de carvão. Mas por que as florestas exuberantes foram tão extensas naquele período?

A resposta pode vir de estudos de antigas atmosferas. Pode parecer incrível que os geólogos reconstituam ambientes antigos, ou mesmo que atmosferas primitivas tenham sido diferentes das de hoje. Vimos que, nos primórdios, a Terra tinha uma atmosfera desprovida de oxigênio (ver p. 46), e que os níveis de oxigênio aumentaram, até chegarem próximos dos níveis atuais, no final do Pré-Cambriano. No entanto, há muitos indícios de que os níveis de oxigênio e de dióxido de carbono variaram consideravelmente ao longo dos últimos 500 milhões de anos, e o Carbonífero foi uma época de níveis extraordinariamente altos de oxigênio.

Os geoquímicos se concentram particularmente nos isótopos de carbono e no oxigênio das rochas. O segredo é que as águas dos mares e lagos contêm proporções de gases similares às da atmosfera da época, e essas proporções podem estar guardadas nos esqueletos de crustáceos e organismos planctônicos, bem como em calcários depositados no fundo do mar ou em certos tipos de solos antigos. Naturalmente, é essencial escolher amostras que não foram alteradas por qualquer atividade geológica posterior, de modo que as medições químicas realmente reflitam as condições após todos esses milhões de anos.

Muitos elementos podem existir como vários *isótopos*, formas com diferentes pesos atômicos. Os isótopos são importantes para a datação radiométrica (ver p. 23, 26), e também na reconstrução de ambientes antigos. O carbono, por exemplo, existe como carbono-12 em organismos vivos, como carbono-13 em reservas inorgânicas, e até mesmo na forma radioativa carbono-14 em alguns cenários. Cerca de 99% do carbono da Terra se encontra na forma de carbono-12, e os outros dois isótopos compõem quantidades muito menores. Existem três formas isotópicas de oxigênio, o oxigênio-16, que é o mais comum, o oxigênio-17 e o oxigênio-18. Ao medir as proporções desses isótopos nas amostras de fósseis e rochas antigas, os geoquímicos podem reconstruir as antigas temperaturas (com base na proporção entre oxigênio-18 e oxigênio-16) e detectar modificações no ciclo do carbono (por exemplo, grandes extinções, erupções vulcânicas, liberações de carbono provenientes de reservas profundas) com base na proporção entre carbono-13 e carbono-12.

Todas as medições indicam que a atmosfera do Carbonífero tinha em torno de 35% de oxigênio, em comparação com 21% atualmente: esse foi o nível mais alto de oxigênio já alcançado. As razões são controversas. Pode ser simplesmente que o enorme aumento na diversidade e na abundância de plantas significasse que o nível total de fotossíntese aumentou e, assim, uma grande quantidade de oxigênio adicional foi lançada na atmosfera. O problema com essa ideia é que os níveis de oxigênio caíram para os níveis atuais logo após o Carbonífero, e mesmo assim continuou havendo uma grande riqueza vegetal. Outra razão pode ser que uma grande quantidade de madeira tenha sido enterrada durante esse período, porque nada era capaz de comer a lignina: hoje existem bactérias especializadas que podem decompô-la rapidamente, e animais que se alimentam de madeira – como os cupins e os castores – têm esse tipo de bactéria em seus intestinos. Se grande quantidade de madeira foi enterrada, como de fato ocorreu, o carbono foi removido da atmosfera através da fotossíntese de dióxido de carbono e ficou alojado dentro das células vegetais enterradas, mas não decompostas, liberando assim mais oxigênio gasoso e elevando o nível total de oxigênio na atmosfera.

Muitos paleontólogos especularam que o nível extraordinariamente alto de oxigênio no Carbonífero pode ter permitido o surgimento de insetos enormes. De fato, havia libélulas que pareciam pássaros, baratas tão grandes quanto uma mão, diplópodes de dois metros de comprimento, e assim por diante. A gravidade era exatamente a mesma no Carbonífero; sendo assim, por que os insetos eram maiores? Pode haver duas razões. Alguns fisiologistas sugeriram que a atmosfera do Carbonífero, rica em oxigênio, teria sido mais densa que hoje; com isso, os insetos teriam mais sustentação e, portanto, mais facilidade para voar. Essa hipótese soa pouco plausível, e provavelmente não explica tudo.

A chave pode estar na respiração. Os insetos "respiram" por difusão e, diferentemente de nós, não bombeiam ar para dentro e para fora dos pulmões. Eles possuem poros na cutícula que lhes adentra profundamente o corpo. O oxigênio se espalha passivamente pelos tecidos através de tubos ramificados; isso limita o tamanho de um inseto e, de fato, da maioria dos artrópodes. Uma vez que o oxigênio se difunde pelo corpo, a seção transversal de um inseto é limitada, e, em geral, esses seres não podem ser muito maiores que a maior libélula moderna, com uma envergadura de 15 centímetros e um corpo tão fino quanto um lápis. A *Meganeura*, a libélula do Carbonífero, tinha uma envergadura de 75 centímetros, e um corpo mais parecido com uma salsicha do que com um lápis. Uma atmosfera rica em oxigênio pode ter sido suficiente para permitir que os artrópodes alcançassem um tamanho gigantesco, mesmo com seu sistema de difusão passiva de respiração.

As grandes florestas de carvão mineral

Florestas úmidas de grandes árvores e exuberante vegetação rasteira se espalharam pelo Carbonífero Médio e Superior. As plantas incluíam licopódios gigantes, cavalinhas de até 15 metros de altura, samambaias e as chamadas samambaias com sementes (ver figura 15). Não foram encontradas plantas com flores – estas apareceram muito mais tarde, no Cretáceo (ver p. 22, 156) –, e as coníferas eram raras. No entanto, essas plantas carboníferas tinham algumas das primeiras folhas propriamente ditas, necessárias para promover a fotossíntese num tempo em que os níveis de dióxido de carbono eram baixos.

Os licopódios eram arbustos geralmente baixos, mas alguns deles se tornaram enormes no Carbonífero. O mais conhecido é o *Lepidodendron*, um licopódio que atingia 35 metros de altura, ou mais. Os fósseis de *Lepidodendron* são identificados há 200 anos, porque são comumente encontrados em associação com bacias comerciais de carvão mineral na América do Norte e na Europa. No início, as partes separadas – raízes, tronco, casca, galhos, folhas, pinhas e esporos – receberam nomes diferentes, mas ao longo dos anos foram reunidas para produzir uma imagem clara da planta inteira. As raízes maciças de espécimes de *Lepidodendron* podem ser vistas *in situ* em um famoso museu vitoriano em Glasgow. Quando os espécimes foram encontrados em uma antiga pedreira, em 1887, foram cuidadosamente escavados e cobertos por uma maravilhosa estufa construída em ferro fundido e vidro, e isso ainda pode ser visto no Victoria Park.

As cavalinhas são familiares aos horticultores hoje, consideradas pequenas ervas daninhas. Seus brotos verdes na vertical, com uma estrutura articulada característica, estão ligados por sistemas de rizomas subterrâneos. As cavalinhas de hoje podem ser um tanto obscuras, e geralmente pequenas, mas esse era um grupo significativo no Carbonífero, que crescia em moitas muito densas como as de bambu. Uma das espécies, as *Calamites,* chegava a quase 20 metros de altura, mas tinha caules articulados e verticilos de folhas nos nós que são típicos das cavalinhas menores atuais. O tronco das *Calamites* geralmente surgia de um grande rizoma subterrâneo. As folhas formavam feixes que irradiavam dos nós ao longo da ramificação lateral, e geralmente apresentavam dois tipos de pinhas.

Os musgos e as cavalinhas ocuparam as planícies aluviais das terras baixas. As samambaias com sementes, as coníferas e as samambaias estavam adaptadas a condições mais secas, e ocuparam locais elevados como barragens, os bancos de areia elevados nas margens dos rios. As samambaias de hoje são plantas herbáceas geralmente baixas, comuns em muitos ambientes. Algumas samambaias do Carbonífero eram como árvores, com frondes sustentadas por um tronco vertical, enquanto outras eram menores, como as típicas samambaias modernas.

As samambaias com sementes eram um grupo diverso de arbustos e árvores. As coníferas atuais incluem pinheiros, abetos e araucárias. As portadoras de pinhas do Carbonífero, como as de hoje, estavam adaptadas às condições secas. As primeiras coníferas tinham pinhas e longas folhas em forma de agulha que foram adaptadas para economizar água. Coníferas mais familiares só evoluíram muito mais tarde, nos tempos dos dinossauros.

Alguns dos melhores indícios sobre as plantas do Carbonífero vêm, talvez ironicamente, do carvão vegetal queimado que era sepultado após incêndios florestais. Nos trópicos, muitas vezes ocorrem enormes incêndios que queimam centenas de hectares de floresta. Os incêndios podem ser iniciados por um cigarro jogado descuidadamente ou por uma garrafa cujo vidro concentra os raios do sol, mas geralmente as causas são naturais: os galhos e folhas caídos podem estar tão secos que um relâmpago fortuito pode desencadear um enorme incêndio que queima por dias ou semanas. O carvão vegetal que fica após a queima ainda preserva todos os detalhes celulares da velha madeira e os exemplos antigos podem revelar muitas informações.

Os incêndios florestais nem sempre são destrutivos. De fato, muitas plantas dependem de incêndios ocasionais para limpar a madeira velha e permitir que novos brotos cresçam. E as cinzas do fogo fornecem fósforo e outros nutrientes. Os incêndios florestais eram comuns no passado, sobretudo na faixa tropical durante o Carbonífero, e os níveis elevados de oxigênio atmosférico certamente estimulavam mais queimadas do que hoje. Pesquisas mostram que os incêndios eram mais comuns nas zonas mais altas, longe das margens dos rios, onde os restos vegetais podiam ficar muito secos. Alguns dos incêndios do Carbonífero podem ter sido provocados por erupções vulcânicas nas proximidades, ou talvez fossem provocados de tempos em tempos, durante as estações particularmente quentes ou secas. É provável que os incêndios florestais fossem parte habitual do crescimento e da regeneração das florestas, e também desestabilizassem as encostas dos morros, provocando deslizamentos ocasionais.

As bocas gigantes do Carbonífero

Os habitats das novas florestas do Carbonífero abriram grandes possibilidades para os tetrápodes, que se diversificaram amplamente. Como vimos (p. 88), os tetrápodes no Devoniano superior são bastante raros, e eles ainda permaneceram, em grande parte, na água. Durante o Carbonífero, os grupos se diversificaram em umas quarenta famílias, algumas das quais continuaram aproveitando os peixes de água doce, tornando-se quase aquáticas, enquanto outras se adaptaram para se alimentar de insetos e diplópodes.

Havia uma importante lacuna em nosso conhecimento sobre a evolução dos tetrápodes no Carbonífero Inferior, mas novos trabalhos em sítios da Escócia revelaram alguns animais extraordinários desse período. Um dos mais estranhos é o *Crassigyrinus*. Ele possui um grande crânio com ossos fortemente esculpidos e enormes mandíbulas, que mostram claramente que se alimentava de peixes. De fato, o *Crassigyrinus* era uma cabeça maciça conduzida por um corpo volumoso e membros diminutos, e mal podia lidar com isso sobre a terra.

Os *Whatcheeriidae*, encontrados na Escócia e nos Estados Unidos, eram animais de um metro de comprimento, também com a cabeça enorme, mas é possível que ocasionalmente agregassem tetrápodes à sua dieta de peixe. Os *Baphetidae*, encontrados na Europa, tinham crânios achatados. Suas grandes mandíbulas curvas eram cobertas de pequenos dentes, e eles podem ter caçado peixes bem pequenos. Essa forma da cabeça, aproximadamente semicircular, com mandíbulas de orelha a orelha e um crânio que está quase na mesma linha da mandíbula inferior, também era típica de um grande grupo de tetrápodes do Carbonífero, os *Temnospondyli*. Havia muitas linhagens diferentes de *Temnospondyli*; o grupo se diversificou e foi importante durante o Permiano e o Triássico, e sobreviveu até o Cretáceo, cerca de 200 milhões de anos depois. A maioria dos *Temnospondyli* tinha até um metro de comprimento e em geral se alimentava de peixes, mas alguns eram muito maiores, e, outros poucos, muito menores.

Os tetrápodes mais incomuns no Carbonífero foram os da subclasse *Lepospondyli*. Havia três grupos de *Lepospondyli*: os pequenos microssauros, que se alimentavam de insetos e estavam bem adaptados à vida terrestre; os da ordem Nectridea, similares a tritões (alguns dos quais tinham cabeça grande em forma de bumerangue); e os enigmáticos *Aistopoda*, sem membros. Os microssauros perambulavam sobre a terra seca; os *Nectridea* eram adaptados à vida na água e pode ser que capturassem os insetos que pousavam na superfície; e os *Aistopoda* possivelmente caçavam lesmas e vermes na camada úmida de folhas do chão da floresta.

Todos os grupos de tetrápodes mencionados até agora estavam do lado anfíbio da cerca, e é provável que os anfíbios modernos tenha evoluído destes grupos. As rãs mais antigas são do Triássico e, provavelmente, evoluíram dos *Temnospondyli*. As salamandras podem ter surgido na mesma época, mas seus representantes mais antigos conhecidos são do Jurássico.

Outro ramo importante de tetrápodes eram os reptilomorfos ("similares a répteis"). Os reptilomorfos iniciais incluíam os antracossauros do Carbonífero, um grupo de animais de médio porte bastante aquáticos que perseguiam peixes em rios e lagoas. Mas, no meio do Carbonífero, os reptilomorfos geraram algo surpreendente: o primeiro réptil.

Répteis e ovos

O grande geólogo escocês Charles Lyell (1797-1875) teve a surpresa de sua vida quando, em 1852, visitou as costas da Nova Escócia, acossadas pelo vento. Ele havia estado lá antes, em 1842, uma viagem perigosa e ousada para um geólogo mais acostumado às pedreiras e costas da Europa e às salas de debate da Sociedade Geológica de Londres. Lyell escrevera o notável *Princípios da geologia* no início dos anos 1830, que pavimentara um sólido caminho para o futuro desenvolvimento da nova ciência da geologia. Lyell se dedicou a entender como a Terra funcionava e empreendeu viagens a continentes remotos para aumentar sua compreensão e obter materiais para seus livros imensamente difundidos.

Em 1852, Lyell estava explorando as falésias em uma localidade chamada Joggins, na costa norte da Nova Escócia, na companhia do geólogo canadense William Dawson (1820-

1899), que havia encontrado alguns exemplares notáveis de tetrápodes preservados em um tronco de árvore antigo. Lycll se surpreendeu com o que viu. Um tronco de árvore estava lá no penhasco, de pé, na posição de crescimento. A erosão causada pelo mar desgastara a rocha e os dois geólogos podiam ver o interior do tronco da antiga árvore. Ali, em meio à areia dentro do tronco, estavam os ossos minúsculos de um tetrápode. Lyell relatou mais tarde que o sítio geológico de Joggins era "o melhor exemplo do mundo".

O que Dawson e Lyell encontraram era um espécime dos mais antigos fósseis de répteis, mais tarde denominado *Hylonomus*. O animal tinha cerca de 30 centímetros de comprimento, uma forma aproximada à de um lagarto, com uma longa cauda e membros compridos. Seus pequenos dentes afiados revelam que era insetívoro. Os espécimes de *Hylonomus* estão soberbamente preservados porque permaneceram imperturbáveis nos pedaços de troncos das antigas árvores. Após 1852, muitos outros exemplos desse tipo de preservação de fósseis dentro de troncos foram encontrados nas falésias de Joggins. Foi somente na década de 1960, mais de cem anos após sua descoberta, que os paleontólogos perceberam que o *Hylonomus* não era um microssauro, mas, na verdade, um réptil. Seu crânio alto o diferencia da maioria dos tetrápodes do Carbonífero, que tinham crânios achatados. Mas o mais importante é que o *Hylonomus* tem um osso do tornozelo chamado *astrágalo*, osso que não aparece em anfíbios, mas é típico de répteis, aves e mamíferos.

Como esses animais morreram? Parece que as árvores foram derrubadas por uma inundação súbita no Carbonífero Médio e os troncos e galhos foram arrastados. Ao que parece, os cepos das árvores estavam muito bem enraizados e não se mexeram. As águas da enchente lavaram a areia e a lama ao redor dos cepos, enterrando-os parcialmente. Como o núcleo dos cepos apodreceu, os tecidos lenhosos podem ter sido atacados por insetos, e os répteis podem tê-los seguido, à procura de um petisco. Por que os répteis acabaram ficando presos, não se sabe ao certo. Eles poderiam ter escalado o cepo oco até o lado de fora? Ou talvez outra enchente tenha inundado tudo antes que eles pudessem escapar.

Por que o *Hylonomus* é tão significativo na evolução? O ponto é que ele foi o primeiro tetrápode a botar ovos e, portanto, a se desvencilhar da água. Como vimos (ver p. 93), os primeiros tetrápodes – os anfíbios – ainda contavam com a proximidade da água para evitar a dessecação e para se reproduzir. Todos os outros tetrápodes – répteis, aves e mamíferos – se libertaram da água, e o *Hylonomus* foi o primeiro. Mas não há ovo fóssil de um réptil conhecido do Carbonífero; sendo assim, como sabemos que o *Hylonomus* e seus descendentes botavam ovos?

A resposta vem da filogenia e da noção de homologia (ver p. 18). Os répteis modernos, as aves e os mamíferos põem ovos muito semelhantes, chamados *ovos amnióticos*. A casca de ovo amniótico é geralmente dura e feita de calcita, mas alguns lagartos e cobras têm cascas coriáceas. O invólucro retém água, evitando a evaporação, mas permite a passagem de gases (entrada de oxigênio e saída de dióxido de carbono). O embrião em desenvolvimento é protegido do mundo exterior, e não há necessidade de colocar os ovos na água, nem há um estágio larval de desenvolvimento. Por dentro, a casca do ovo tem um conjunto de membranas que envolvem o embrião, recolhem os resíduos e o revestem. O animal em desenvolvimento é sustentado pela gema, altamente proteica.

Répteis, aves e mamíferos são chamados coletivamente de amniotas, porque todos eles têm um ancestral comum, um animal próximo ao *Hylonomus*. Os pássaros evoluíram dos dinossauros no Jurássico (ver p. 151) e os mamíferos evoluíram de outro grupo de répteis no Triássico (ver p. 142). Mas os mamíferos põem ovos, como acabo de afirmar? Bem, os mamíferos atuais mais primitivos – o ornitorrinco e a equidna da Austrália – de fato põem ovos com uma casca calcária dura. Os detalhes da anatomia dos ovos de répteis, de aves e de mamíferos são todos iguais, e portanto todos eles evoluíram de um mesmo ancestral. Se recuarmos ainda mais na árvore evolutiva, chegarcmos ao *Hylonomus*; sendo assim, o *Hylonomus* deve ter botado o mesmo tipo de ovo.

O Carbonífero parece, então, ter sido uma espécie de apogeu na evolução da vida no mar e sobretudo na terra. Nada jamais pôde igualar os altos níveis de oxigênio, as vastas áreas de florestas tropicais e os insetos gigantes. De fato, apenas 50 milhões de anos mais tarde, no final do período Permiano subsequente, a extinção em massa mais devastadora de todos os tempos aniquilaria quase toda vida na Terra.

Capítulo 6

A MAIOR EXTINÇÃO EM MASSA

> [As extinções em massa podem ser explicadas pela] teoria estocástica do fogo cruzado – todos os indivíduos existentes estão no meio de um fogo cruzado, e a morte ou a sobrevivência é apenas uma questão de sorte. A imagem é horrível, mas serve.
>
> David Raup, *Extinction: Bad Genes or Bad Luck*
> [*Extinção: genes ruins ou má sorte*] (1991)

A extinção não é de todo ruim. Na verdade, nenhuma espécie pode durar mais de alguns milhões de anos, no máximo, antes de ser suplantada por outras espécies ou se transformar em outra coisa. Desse modo, a extinção está acontecendo o tempo todo – esse tipo normal de extinção é chamado de *extinção de fundo*. No entanto, houve episódios na história da Terra em que a extinção se deu numa taxa maior que a normal em um curto espaço de tempo. Esses períodos são chamados *eventos de extinção*, e podem incluir exemplos em que toda a vida em determinada ilha foi varrida por uma catástrofe local, ou em que uma importante mudança climática, ou a caça, mata certos tipos de organismos, como a extinção generalizada de mamíferos de grande porte ocorrida no fim da Era Glacial, há 11 mil anos.

Os mais fascinantes e perturbadores são os grandes eventos de extinção, as chamadas *extinções em massa*. Esses são períodos em que grande parte da vida desapareceu de uma vez. Geralmente se reconhecem ao menos cinco extinções em massa que se deram nas seguintes ocasiões (as idades aproximadas estão em milhões de anos): no Ordoviciano Superior (440), no Devoniano Superior (370), no fim do Permiano (250), no fim do Triássico (200) e no fim do Cretáceo (65). Estas são conhecidas como as "cinco grandes", e se afastam de todos os outros eventos de extinção por três fatores: desapareceram mais espécies no decorrer de cada evento do que em qualquer outro momento, as vítimas eram de ecologia diversa e estavam distribuídas em todo o mundo, e o evento parece ter sido provocado por uma única grande crise global. Um trabalho recente de Dick Bambach e outros pesquisadores, da Universidade de Harvard, sugere que talvez devêssemos falar apenas em "três grandes" – Ordoviciano Superior, fim do Permiano e fim do Cretáceo – porque os outros dois eventos parecem ter sido mais prolongados.

Dessas cinco (ou três) extinções em massa, neste capítulo vamos nos deter no evento do fim do Permiano e na extinção em massa do final do Cretáceo (ver p. 157-158). Resumidamente, os outros três eventos foram importantes em sua época. O evento do fim do Ordoviciano parece estar associado com uma breve e intensa idade de gelo, e significou o fim de muitas classes de trilobitas, braquiópodes, corais e outros. O evento do Devoniano Superior parece ter durado vários milhões de anos, e houve mais perdas entre braquiópodes, amonoides (moluscos que nadavam em espiral), corais e peixes encouraçados de águas rasas. Finalmente, o evento do fim do Triássico parece também ter durado alguns milhões de anos, e atingiu braquiópodes e amonoides de forma particularmente agressiva, assim como muitos répteis de vida terrestre.

A extinção em massa do fim do Permiano é especialmente significativa porque foi, de longe, a maior extinção em massa de todos os tempos. Estima-se que até 96% das espécies tenham se extinguido. Esta foi, portanto, a ocasião em que a vida esteve mais próxima da aniquilação total. A procura do padrão e das causas do maior de todos os eventos, no entanto, é repleta de dificuldades. É quase impossível imaginar como pode ter sido uma perda de 96% das espécies: ou seja, apenas 4% das espécies – menos de uma em cada vinte – sobreviveram. É importante entender como era a vida antes do desastre.

A vida no mar: antes e depois

No fim do Persiano, a vida nos mares rasos era rica e diversificada (ver figura 16A). Os organismos viviam dentro e sobre o fundo do mar ou nadavam acima dele, e provavelmente um mergulhador no Permiano Superior teria observado, à primeira vista, algo como um recife de corais moderno. O recife teria consistido em centenas de espécies. Sua estrutura era formada por esponjas, corais e briozoários, animais que secretam um esqueleto pétreo no qual vivem. Vivendo grudados nos corais mortos havia vários vermes e moluscos.

Grande variedade de moluscos similares a caracóis, caramujos, estrelas-do-mar e camarões se arrastavam entre as florestas de corais. Os braquiópodes eram os crustáceos mais importantes; a maioria vivia fixa ao fundo do mar por um pedúnculo resistente, e eles se alimentavam filtrando da água pequenas partículas de alimento. Os moluscos eram mais raros do que hoje: os vôngoles e os caracóis, parentes dos amonoides nadadores que eram mais móveis do que os braquiópodes e pastavam as algas sobre os esqueletos dos corais, ou aspiravam a matéria orgânica da lama.

Em associação com o recife havia vários tipos de equinodermos, alguns fixos, outros móveis. Os lírios-do-mar (mais propriamente, crinoides) foram muito bem-sucedidos no Paleozoico, formando parte dos grandes recifes, crescendo em torno de corais e esponjas ou formando enormes florestas de crinoides por conta própria. Os crinoides típicos parecem plantas: um longo pedúnculo flexível fixado por uma estrutura que parece uma raiz e um cálice na parte superior do pedúnculo com braços similares a tentáculos, cintilando nas correntezas. Os crinoides se alimentam de pequenas partículas orgânicas na água, que captam com seus braços pegajosos e que, em seguida, deslizam por um sulco central, na superfície superior do braço, até a boca – que está localizada no centro do corpo. O corpo é o cálice no topo do pedúnculo.

Acima deles, nadavam os nautiloides e os amonoides movidos a jatopropulsão (parentes de lulas e polvos),

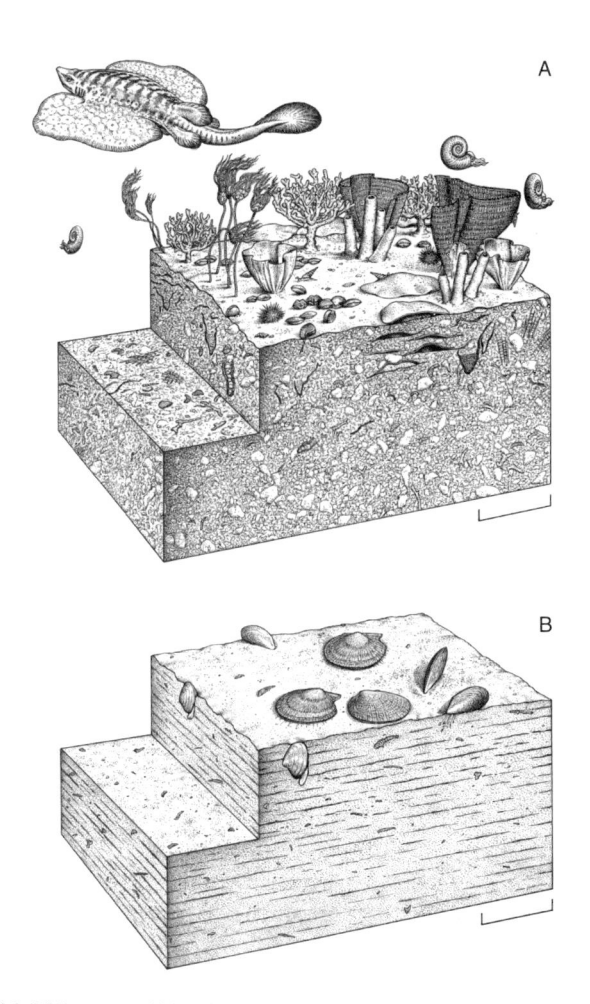

16. Vida antes (A) e depois (B) da extinção em massa do final do Permiano.

os artrópodes nadadores, e peixes de várias espécies, peixes ósseos e tubarões. Abundavam também os organismos microscópicos que viviam como plâncton nas águas acima do recife: os radiolários, com seus delicados esqueletos feito de sílica e em forma de teia de aranha, e os foraminíferos, pequenas criaturas com conchas calcárias segmentadas e em espiral. Assim como hoje, os recifes do Permiano Superior eram locais de grande biodiversidade, em que havia uma riqueza de espécies pouco usual.

Toda essa diversidade foi abatida pela crise do fim do Permiano. Por exemplo, cinquenta em cinquenta e cinco famílias de braquiópodes se extinguiram (ou seja, 91%). Todos, com exceção de uma parte minúscula desse grupo extremamente diverso e abundante, pereceram. Os moluscos foram os menos afetados, mas ainda sofreram perdas importantes, sobretudo os amonoides, que praticamente desapareceram. A mesma devastação se alastrou para os organismos fixos construtores do recife: os corais do Permiano desapareceram, e os briozoários e crinoides foram reduzidos a um número limitado de espécies.

Os organismos flutuadores e nadadores foram particularmente atingidos. Entre os plânctons, os radiolários praticamente desapareceram. Os foraminíferos também sofreram grandes perdas. Dentre os peixes, os diversos tubarões de porte médio e grande do Permiano Superior foram reduzidos a uma fauna de pequenos tubarões no Triássico Inferior. Não se sabe ao certo se os pequenos foram os únicos que conseguiram sobreviver ou se os sobreviventes tinham tamanho variado e se tornaram menores mais tarde devido a alguma pressão evolutiva. Além disso, dentre os peixes ósseos, duas em cada oito famílias desapareceram.

Qual era o cenário após a extinção? As rochas, apenas alguns milímetros acima dos ricos leitos dos recifes, guardam uma história muito diferente (ver figura 16B). As cem ou mais espécies existentes antes da grande extinção foram reduzidas a quatro ou cinco. A maioria são determinados tipos de bivalves, chamados péctens de papel, que estavam unidos por finos filamentos a irregularidades nas lamas pretas do Triássico Inferior. Houve também uma horda repentina de microgastrópodes, caracóis pequenos, e os *Lingula*, os membros antigos. Quando estudantes universitários, fomos ensinados que os *Lingula* eram um gênero que existia há 500 milhões anos, do Cambriano aos dias atuais. Eram braquiópodes não articulados, o que significava que a linhagem média carecia de um mecanismo de charneira como a mandíbula (é claro, com a grande originalidade dos estudantes universitários, costumávamos ironizar que esse era o motivo pelo qual os braquiópodes não sabem falar). Os *Lingula* são braquiópodes simples, que consistem em duas valvas bastante semelhantes, em forma de lágrima, e viviam em águas de salinidade mista, em áreas costeiras. Obviamente, é muito improvável que esse gênero específico tenha durado tanto tempo: sua anatomia é tão simples que é possível que não conseguíssemos distinguir entre os diversos gêneros e as diversas espécies. Mas esse tipo de braquiópode foi, sem dúvida, um sobrevivente.

De óxico a anóxico

As condições marinhas mudaram drasticamente na fronteira entre o Permiano e o Triássico, e essa mudança pode fornecer indícios cruciais sobre o que causou a crise. Os geólogos já estudaram as seções de rochas dessa época provenientes de muitas partes do mundo, mas uma das melhores sequências foi encontrada no sítio geológico de Meishan, no Sul da China. De fato, essa sequência de rochas foi selecionada em 2000 como a seção que, no mundo, tipificava o Triássico. Isso significa que todos os geólogos devem, desse momento em diante, utilizar a seção Meishan como ponto de referência.

Até 1990, não havia muitas pesquisas sobre as seções Permo-Triássicas da China, e esses estudos eram impossíveis durante a Revolução Cultural. Depois de 1990, ficou mais fácil para os estrangeiros trabalharem na China, e Paul Wignall, da Universidade de Leeds, e Tony Hallam, da Universidade de Birmingham, decidiram ir até lá e dar uma olhada. Todos diziam que as condições de trabalho na China seriam impossíveis, e que, de todo modo, as rochas não eram para tanto.

Contudo, eles persistiram, e, com uma bolsa modesta de uns poucos milhares de libras da Royal Society, foram e viram.

A seção Meishan provou ser clara e objetiva. Como sedimentologistas, Wignall e Hallam procuravam indícios de ambientes antigos gravados nas rochas. Eles observaram vários metros de uma camada densa e fina de sedimentos *bioclásticos* do Permiano Superior. Estes são compostos essencialmente de calcários de conchas quebradas e outros detritos dos organismos, e confirmam a existência de mares rasos de águas cálidas, com algumas correntes de água que levaram as cascas e outros restos de animais no fundo do mar antes de serem finalmente incorporados à rocha. Perto do final do Permiano, há extensiva escavação nas pedras calcárias, o que indica que o fundo do mar era totalmente oxigenado. Então, de repente, tudo muda. O denso calcário escavado desaparece, e também os fósseis abundantes.

A maior pedra calcária é seguida por 28 centímetros de argila, e então por outra pedra calcária. Primeiro, há uma pálida camada de cinzas e argila; em seguida, um xisto escuro e limoso, rico em material orgânico; e depois um sedimento lamacento. No sistema chinês, essas camadas são numeradas como 25, 26 e 27, respectivamente. Acima da camada 27 há uma longa sucessão de calcários finos e xisto preto que contém escavações escassas e pequenas. Aqui há uma sucessão importante de camadas de baixa oxigenação que se estendem por um ou dois milhões de anos. Não só os sedimentos escuros são desprovidos de fósseis, como também, aqui e ali, encontram-se cristais disseminados de pirita.

A pirita de ferro, também conhecida como ouro de tolo, é dissulfeto de ferro (FeS_2). Ela se forma quando o oxigênio está ausente da decomposição de matéria orgânica por bactérias anaeróbias que convertem sulfato em sulfeto, com a perda de oxigênio. Todo mundo já presenciou a associação de sulfeto com *anoxia*, a ausência de oxigênio, ao andar em uma poça barrenta preta cheia de folhas mortas. O asqueroso cheiro de ovos podres é sulfeto. Assim, os primeiros fundos marinhos do Triássico em Meishan, e em muitas partes do mundo, foram anóxicos.

Em 1996, Paul Wignall e seu aluno Richard Twitchett afirmaram que os oceanos do mundo passaram por uma fase global de anoxia no início do Triássico – superanoxia, como eles a chamaram. Eles mapearam todas as seções que haviam sido estudadas até o momento, a maioria delas descendo o litoral do supercontinente Pangeia, e descobriram que todos os lugares haviam se tornado anóxicos, exceto, por alguma razão desconhecida, uma pequena porção no atual Omã. Por que os mares de Omã não se tornaram anóxicos é um mistério, mas pelo menos ali algumas espécies foram capazes de sobreviver em número reduzido.

As primeiras faunas marinhas do Triássico não só foram muito mais reduzidas em biodiversidade, como também se tornaram monótonas. Antes do evento, as faunas apresentavam *endemicidade* regional, isto é, elas eram diferentes de um lugar para outro – assim como hoje, e como é normal para comunidades ecológicas maduras e intatas. Após o evento, encontramos *cosmopolitismo*: todas as espécies eram as mesmas em toda parte. O pécten *Claraia*, cuja concha era finíssima, e os *Lingula*, braquiópodes inarticulados, espalharam-se pelo mundo.

Mudanças físicas

Os geólogos debateram durante muito tempo as causas da extinção em massa do fim do Permiano e, nos anos 1990, as ideias se concentraram em dois fenômenos: a deriva continental e as vastas erupções na Sibéria. Os dois grandes supercontinentes do Carbonífero – Gonduana, ao sul, e Laurásia, ao norte (ver p. 100) – tinham se fundido ao longo de uma linha que atravessa o Caribe e o Mediterrâneo de hoje. O grande supercontinente, Pangeia (literalmente, "toda a terra"), estendia-se de norte a sul de forma mais ou menos equilibrada por toda a linha do equador. A vida nesse mundo é difícil de compreender. As espécies em terra podiam passar de um lugar a outro sem impedimentos. De fato, a calota de gelo polar do Carbonífero Superior (ver p. 99), havia desaparecido, e portanto os climas globais eram uniformes de norte a sul.

Os paleontólogos costumavam afirmar que a própria fusão dos continentes foi um potente mecanismo de extinção. Segundo eles, é bem provável que, com a junção dos continentes, as faunas regionais tenham se misturado e parte da diversidade tenha se perdido. Presume-se que isso seja especialmente verdadeiro para mares rasos. Muitos mares ficaram encerrados com a fusão dos continentes, o que teria eliminado toda a biodiversidade.

O problema com essa teoria é que ela não é capaz de explicar uma extinção em massa súbita: os movimentos continentais são lentos, e qualquer extinção consequente teria ocorrido ao longo de dezenas de milhões de anos. Além disso, não está realmente claro quantas espécies seriam levadas à extinção por tais processos geográficos. Nos casos mais recentes em que os continentes se juntaram, tais como o que há três milhões de anos deu origem ao istmo do Panamá – que liga os continentes da América do Norte e do Sul –, houve uma troca de faunas e, em consequência, algumas extinções, mas não devastação.

Uma causa mais provável da extinção foi a erupção dos Traps Siberianos. No final do Permiano, gigantes erupções vulcânicas ocorreram na Sibéria, expelindo cerca de 2 milhões de km^3 de lava basáltica e cobrindo 1,6 milhão de km^2 do leste da Rússia a uma profundidade de 400 a 3 mil metros. Na década de 1980 se sugeriu, pela primeira vez, que essa atividade vulcânica podia estar ligada à extinção em massa do Permo-Triássico.

Os primeiros esforços para datar os Traps Siberianos produziram enorme variedade de datas, de 160 a 280 milhões de anos atrás, com uma tendência maior à datação entre 260 e 230 milhões de anos atrás. As datações mais recentes, valendo-se de novos métodos radiométricos, produziram datas exatamente na fronteira, com uma variação total de 600 mil anos, mas outras pesquisas ainda precisam ser feitas para determinar exatamente quantas grandes fases de erupção ocorreram, bem como as datas precisas. Essas datas, então, poderão ser vinculadas a camadas de cinzas datadas em acumulações sedimentares de lugares tão remotos quanto o sul da China.

Vida na terra

No final do Perminano, a vida na terra era tão rica quanto no mar. As melhores áreas para estudar a evolução dos tetrápodes desse período estão na bacia de Karoo na África do Sul, e na região dos Urais no sul da Rússia. Na sequência rochosa do Permiano Superior da Rússia, por exemplo, abundam esqueletos de anfíbios e de répteis numa sucessão de faunas que abrangem os últimos 10 milhões de anos do período Permiano. A última fauna do Permiano da Rússia, a fauna Vyatskian (ver figura 17), aparece no norte do rio Dvina e no sul dos Urais, e era rica e diversificada.

Os herbívoros de Vyatskian incluem o grande pareiassauro *Scutosaurus*, um animal formidável, do tamanho de um hipopótamo, coberto de excrescências ósseas, e o grande dicinodonte *Dicynodon*, de pele lisa, com seus dois dentes caninos protuberantes e, não fosse por eles, mandíbulas desdentadas. Os carnívoros incluem quatro espécies de gorgonopsianos, dentre as quais o *Inostrancevia* –, um grande réptil com dentes de sabre que, segundo se supõe, era predador do *Scutosaurus* e do *Dicynodon* –, bem como dois carnívoros menores, o terocéfalo e um cinodonte. Em outras localidades, os répteis do Permiano Superior incluem o *Archosaurus*, um réptil piscívoro e delgado, com um metro de comprimento – o mais antigo membro dos arcossauros, ou "répteis dominantes", o grupo que inclui os crocodilianos e os dinossauros –, e os *Procolophonidae*, pequenos répteis de cabeça triangular, parentes dos pareiassauros, mas que, superficialmente, parecem um pouco com um lagarto gordo. À beira da água habitavam três

17. Vida terrestre no Permiano Superior, na região que hoje corresponde à Rússia.

ou quatro espécies de anfíbios. Esse foi um ecossistema rico e complexo, com tantos animais quanto em qualquer comunidade terrestre dos dias atuais.

Os anfíbios e répteis que sobreviveram à crise do Triássico Inferior na Rússia são um grupo pobre, conhecido como a Comunidade da Vetluga Inferior (Vokhmian). O único herbívoro de tamanho razoável era o *Lystrosaurus,* e outros tetrápodes incluem uma espécie de *Procolophonidae* e alguns raros terocéfalos e diapsidas que se alimentavam de insetos e répteis menores, bem como anfíbios de cabeça alargada que se alimentavam de peixes.

O mais destacado desses sobreviventes terrestres foi o *Lystrosaurus*, um dicinodonte de porte modesto que aparece pela primeira vez no Permiano Superior na África do Sul. O extraordinário acerca do *Lystrosaurus* não é o fato de ele ter sobrevivido, mas sim de ter dominado o mundo por um breve período. Espécies de *Lystrosaurus* foram descritas na África do Sul, na América do Sul, na Antártida, na Índia, na China, na Rússia e, possivelmente, na Austrália, o que demonstra que esse gênero era cosmopolita, assim como o *Claraia* e o *Lingula* no mar.

Os *Lystrosaurus* não só foram cosmopolitas, como também extremamente abundantes. Mais de 2 mil crânios foram recolhidos na África do Sul, e os coletores deixaram passar alguns em busca das formas mais raras. Em alguns lugares, esse único gênero corresponde a mais de 95% da fauna, um desequilíbrio muito estranho e longe de ser uma comunidade natural. Essa dominação excessiva da fauna terrestre, durante o Triássico Inferior, por uma única espécie é, possivelmente, indício de que algo estava errado, de que as regras ecológicas normais não estavam operando.

O *Lystrosaurus* foi um superorganismo? Talvez ele tivesse algum tipo de poder oculto que lhe permitiu sobreviver. É provável que os *Lystrosaurus* fossem capazes de cavar, e podem ter tido uma gama muito ampla de alimentos vegetais em sua dieta. Tanto a capacidade de cavar quanto uma dieta ampla podem ser estratégias úteis de sobrevivência em tempos de crise. No entanto, muitos outros répteis bastante semelhantes não sobreviveram ao fim do Permiano, e parece mais provável que os *Lystrosaurus* tenham sido simplesmente afortunados, e não extremamente adaptados. Sobreviveram por acaso onde outros não tiveram a mesma sorte (conforme a teoria do fogo cruzado de Raup), e depois se espalharam pelo mundo em outras áreas, porque mais nada havia sobrevivido.

Duração do evento

Surpreendentemente para um evento tão drástico como a extinção em massa do fim do Permiano, tem sido difícil estabelecer sua duração. Estimativas anteriores sugerem que a extinção foi realmente um longo declínio no número de espécies, que se estendeu por, talvez, 10 milhões de anos no Permiano Superior, mas estudos mais recentes mostraram que o evento foi rápido. A dificuldade surgia, em parte, porque os paleontólogos não foram suficientemente precisos para datar os fósseis, e também porque boas datações radiométricas para a fronteira Permo-Triássica não estiveram disponíveis até a década de 1990. A data atual mais aceita para o limite, e para a extinção em massa, é 251 milhões de anos atrás, embora uma importante minoria prefira 253. As diferenças dependem de sutilezas no modo como as amostras para a datação são estudadas, e isso pode, em breve, ser resolvido.

Igualmente importante é tentar dissecar a anatomia do que aconteceu, o que requer estudos de seções locais. Até agora, o estudo sobre as seções chinesas foi o mais abrangente. Jin Yugan e seus colegas, de Nanjing, apresentaram um estudo de 2 mil fósseis abaixo e acima da fronteira Permo-Triássica em Meishan. Eles identificaram 333 espécies pertencentes a quinze grupos de fósseis marinhos – foraminíferos microscópicos, fusulinídeos e radiolários, corais rugosos, briozoários, braquiópodes, bivalves, cefalópodes, gastrópodes, trilobitas, conodontes, peixes e algas.

Ao todo, 161 espécies se extinguiram sob as camadas fronteiriças (ver figura 18), durante os 4 milhões de anos que precederam o fim do Permiano. As taxas de extinção são de 33% ou menos para cada horizonte geológico. Depois, logo abaixo do limite Permo-Triássico, no contato entre as camadas 24 e 25, a maioria das espécies restantes desapareceu, resultando em uma taxa de extinção de 94% nesse estrato (ver figura 18, Estrato B). Há um trecho de rochas que mostra espécies que se originaram e desapareceram antes de alguma mudança ocorrida entre as camadas 28 e 29; depois disso, as espécies parecem viver mais tempo e as taxas de extinção declinam gradualmente.

Esse intervalo, abrangendo as camas 26 a 28, é algo especial. Há camadas de cinzas vulcânicas, tanto na parte inferior quanto na superior da sucessão, datadas em 251,4 e 250,7 milhões de anos, respectivamente, uma diferença de 700 mil anos. Os datadores radiométricos de hoje informam datas bastante precisas, e talvez possamos acreditar que realmente se trate de um lapso de meio milhão de anos. Note-se que esse intervalo de tempo corresponde ao período envolvido na erupção dos Traps Siberianos, estimado em 600 mil anos.

Mas o que estava acontecendo nesse intervalo? Talvez, após a extinção principal no topo do depósito 25, estejamos vendo a aparição de *espécies da catástrofe*, isto é, espécies que evoluem rapidamente para se adequar às condições tensas da época, mas que não duram demasiado. Depois, a partir da camada 29 (ver figura 18, Estrato C), as espécies se originam e não se extinguem rapidamente, e parece que voltam as condições normais de vida. Esse padrão de extinção repentina, e meio milhão de anos de destruição, pode fornecer mais um indício sobre o que aconteceu há 251 milhões de anos. Quais eram as condições da terra?

Os rios e a impactante erosão

Desde 1993, as equipes de pesquisadores da Universidade de Bristol, no Reino Unido, e da Universidade de Saratov, na

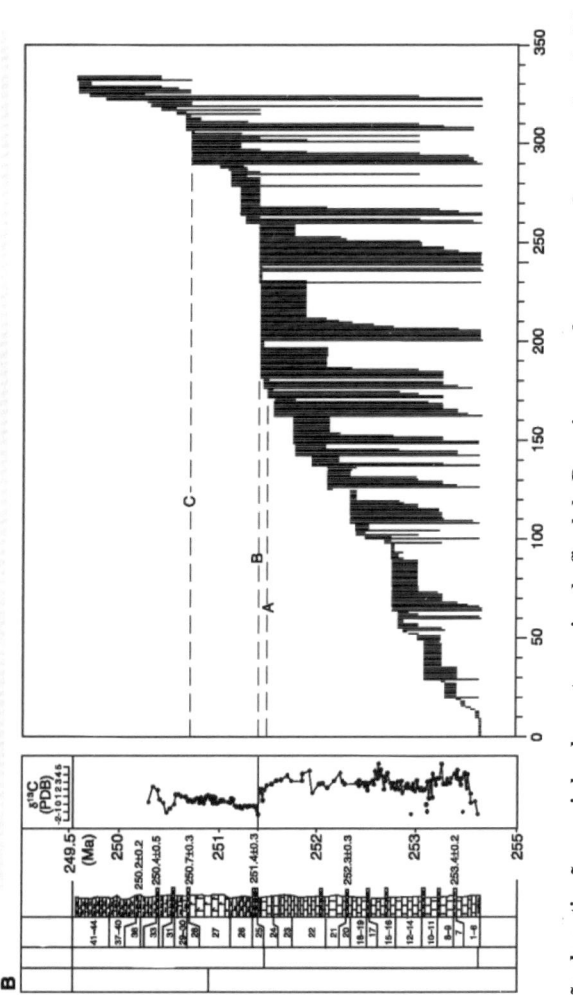

18. O padrão de extinção marinha durante a crise do final do Permiano, conforme gravado nas rochas de Meishan, no sul da China.

Rússia, estão investigando a fronteira Permo-Triássica neste país. Nos primeiros trabalhos, observamos alguns fenômenos sedimentares notáveis exatamente na fronteira: parece que as condições de geomorfologia e os padrões dos rios passaram por mudanças drásticas. Poderia ser esse um fenômeno local, ou talvez algo mais significativo?

Valentin Tverdokhlebov, líder das expedições, havia observado na década de 1960 que a taxa de sedimentação de rios aumentara consideravelmente no início do Triássico, e atribuiu isso à elevação renovada dos Montes Urais. Vastos leques aluviais se formaram em direção a oeste a partir do lado ocidental dos Montes Urais, cada leque se estendendo por 100 a 150 quilômetros de comprimento sobre os lagos do Permiano e os rios sinuosos da grande planície. Os *leques aluviais* ainda hoje causam drásticas mudanças nas encostas ao longo dos rios, sobretudo quando os riachos das montanhas, que fluem velozes levando rochas e sedimentos grossos, de repente desaceleram no momento em que o rio ingressa na região de planície.

Por sua vez, Roger Smith, um sedimentólogo trabalhando na África do Sul, e seu colaborador Peter Ward, da Universidade de Washington, em Seattle, chegaram à mesma conclusão. A famosa sucessão Permo-Triássica da bacia do Karoo mostrava uma mudança sedimentar similar, de um regime de fluxo de baixa energia com córregos sinuosos no Permiano Superior a um regime de fluxo de alta energia com rios entrelaçados e leques aluviais no início do Triássico Inferior. Desde então, essa mudança no comportamento fluvial na fronteira Permo-Triássica foi observada também na Austrália, na Índia e na Espanha. Tal mudança não ocorre em todos os lugares. Estudos dos solos dessa idade confirmam que houve uma erosão do solo crítica, em que o solo e a matéria orgânica da terra foram levados para o mar. Se esse foi um fenômeno mundial, o tectonismo em escala local não pode ter sido a causa – mas, então, qual teria sido?

Andy Newell, um dos membros de nossa equipe, afirmou que o aumento abrupto de tamanho do canal associado com um grande afluxo de cascalho perto da fronteira Permo-Triássica poderia estar relacionado à mudança climática. Em todo o mundo, houve uma transformação bem documentada de um clima semiárido/sub-úmido, no final do Permiano, para um de maior aridez no início do Triássico, e isso pode aumentar a produção de sedimentos ao reduzir a cobertura vegetal.

Essa teoria coincide com outros indícios de que as plantas verdes foram temporariamente extintas e substituídas por um horizonte geológico incomum, na fronteira, que é dominado por marcas produzidas por fungos ou algas. Abaixo desse horizonte, as amostras de sedimento contêm esporos de samambaias, samambaias com sementes, cavalinhas e outras plantas pequenas, médias e do tamanho de árvores. Tais plantas retornam rapidamente, em formas maiores, no início do Triássico; mas a camada de fungos e algas talvez indique uma perda significativa da vegetação normal. Sabemos da devastadora erosão que pode acontecer após a remoção das plantas nos dias atuais, como em Bangladesh, onde a taxa de escoamento superficial e de erosão é muito maior com o aumento da devastação no sopé dos Himalaias.

O desgaste do solo e o maciço escoamento de sedimentos são outros indícios da natureza da crise. A prova definitiva vem dos isótopos.

Isótopos e mudança climática

Os isótopos estáveis de carbono e oxigênio são ferramentas cada vez mais importantes para a interpretação de condições passadas na Terra, como vimos anteriormente (ver p. 102). No limite Permo-Triássico, há uma diminuição drástica no valor da taxa de oxigênio-18, que corresponde a um aumento da temperatura global de cerca de 6 graus.

O aquecimento global pode causar anoxia ao reduzir a circulação do oceano e, por conseguinte, reduzir a quantidade de oxigênio dissolvido nos oceanos. A falta de oxigênio em todo o mundo certamente teria matado boa parte da vida nos oceanos, como Paul Wignall e Richard Twitchett sugeriram.

Os isótopos de carbono também são extremamente importantes ao elaborar teorias para a extinção em massa do fim do Permiano. Os principais isótopos são o carbono-12, que é característico de plantas e animais, e o carbono-13, que é encontrado em ambientes inorgânicos. A fronteira entre o Permiano e o Triássico é caracterizada por uma mudança negativa na taxa de carbono-13, ou seja, por um aumento da proporção relativa do isótopo carbono-12. Isso implica um enorme aumento na taxa de sepultamento de matéria orgânica – possivelmente, plantas e animais mortos pela extinção.

Mas isso, ao que parece, não é suficiente. A proporção de mudança negativa nos isótopos de carbono-13 (de 4 a 6 partes por mil) é grande demais para ser explicada somente pelo sepultamento em massa de organismos mortos. É necessária uma entrada adicional de carbono leve para o sistema oceano-atmosfera. O dióxido de carbono emitido por vulcões tem isótopos baixos de carbono, mas todo o dióxido de carbono produzido pela erupção dos Traps Siberianos não teria sido suficiente para provocar a mudança observada no limite.

A única fonte capaz de produzir a quantidade de carbono leve suficiente poderia ser o metano aprisionado em depósitos de hidrato de gás. Os hidratos de gás são grandes estoques de carbono orgânico, formados em grande parte pelo metano aprisionado no gelo e acumulado nas profundezas dos oceanos ao longo das margens continentais e no gelo permanente das regiões polares. O metano é formado a partir de matéria orgânica em decomposição, o plâncton morto no mar e raízes e folhas de plantas na tundra. Quando o ar sobre a tundra ou as águas profundas dos oceanos se aquecem, o gelo derrete e o metano pode ser liberado rapidamente. No entanto, esse é um fenômeno que ocorre uma única vez. Assim que o gás metano hidratado é liberado, leva milhares de anos para recarregar os reservatórios.

A estufa descontrolada

Haverá uma teoria para a extinção em massa do fim do Permiano capaz de produzir um nível tão devastador de extermínio e que possa explicar a cronologia de mais de meio milhão de anos, as evidências isotópicas, os sedimentos anóxicos do fundo do mar, a remoção de vegetação da terra e a mudança isotópica para o carbono leve?

Alguns pesquisadores sugeriram que houve um impacto extraterrestre, como o ocorrido no final do Cretáceo (ver p. 157-158), mas as provas são escassas. Mais consistente com as evidências, mas de forma alguma comprovada, é uma teoria restrita à Terra que deriva da combinação de dados geológicos e paleontológicos já descritos, junto com o fato de que houve erupções vulcânicas maciças na Sibéria na mesma época.

Desde 1990, foram feitas tentativas de vincular os indícios geológicos de anoxia oceânica, aquecimento global e uma redução catastrófica na diversidade e abundância da vida com as erupções da Sibéria para fornecer um modelo de extinção coerente. O movimento negativo acentuado nos valores isotópicos de carbono implica um aumento drástico no isótopo leve carbono-12, e os geólogos e modeladores climáticos reconheceram amplamente que houve uma combinação de fatores, dentre os quais matéria orgânica enterrada, dióxido de carbono vulcânico e metano de hidratos de gás.

A hipótese é de que o aquecimento global inicial na fronteira Permo-Triássico, desencadeado pelas enormes erupções siberianas, derreteu massas de hidrato de gás congeladas, e grandes volumes de metano subiram à superfície dos oceanos em bolhas gigantescas. Esse tremendo ingresso de metano na atmosfera causou mais aquecimento, o que pode ter derretido ainda mais reservatórios de hidrato de gás. Assim, o processo continua em uma espiral de retroalimentação positiva que foi chamado de fenômeno da "estufa descontrolada". Algum tipo de limiar foi provavelmente atingido, ultrapassando a capacidade do sistema natural encarregado de reduzir os níveis de dióxido de carbono. O sistema saiu de controle, levando ao maior desastre da história da vida.

As erupções vulcânicas produzem dióxido de carbono, bem como outros gases que, quando misturados com água, transformam-se em ácidos. Desse modo, a *chuva ácida* foi uma consequência imediata das erupções maciças dos Traps Siberianos, e isso teria aniquilado as plantas terrestres, cujos restos foram arrancados e lavados junto com o solo nas zonas de montanha. O aquecimento global, iniciado pelo excesso de dióxido de carbono e metano bombeado para a atmosfera, levou à estagnação dos oceanos e à anoxia do mar, que durou por algum tempo.

Há indícios, portanto, de que as plantas terrestres foram mortas pela chuva ácida, e que os animais marinhos morreram por falta de oxigênio. Na atmosfera também faltou oxigênio, e isso teria produzido, em muitos animais terrestres, importante estresse fisiológico. Parece provável que os oceanos anóxicos tenham ficado sobrecarregados com sulfeto de hidrogênio, conforme evidencia a ocorrência frequente de pirita, um produto da decomposição bacteriana de matéria orgânica na presença de sulfatos na água do mar. As águas sulfatadas dos oceanos profundos podem ter subido cada vez mais, substituindo as águas normais e matando tudo em seu caminho, inclusive liberando gás sulfeto na atmosfera. Portanto, se os animais terrestres estavam ofegantes porque os níveis de oxigênio no ar eram mais baixos do que o normal, o ovo podre do gás sulfeto pode ter acabado com eles.

Recuperação

Certos aspectos da teoria do extermínio ainda são muito especulativos e cada pesquisador tem suas predileções. Mas há cada vez mais indícios de vários aspectos desse cenário medonho. Depois que a biodiversidade recuou para algo entre 4 e 15% do que era antes, quanto tempo demorou para se recuperar?

Evidências isotópicas mostram que houve anomalias de carbono repetidas durante os primeiros 5 milhões de anos do Triássico. Talvez, depois, tenha havido duas fases de crise: um momento inicial de condições completamente desagradáveis durante o qual os Traps Siberianos continuaram surgindo e as condições anóxicas, ou de estufa, prevaleceram. Os fósseis chineses mostram que a vida não estava em vias de recuperação até 700 mil anos após o primeiro golpe da crise. Este foi seguido por um episódio de 5 milhões de anos em que as plantas na terra eram escassas, as florestas ainda não tinham se reestabelecido, as comunidades de tetrápodes eram formadas por animais geralmente pequenos e médios que ocupavam nichos muito restritos, e ainda não havia herbívoros ou carnívoros maiores.

Nossos estudos na Rússia sugerem uma recuperação mais lenta da fauna tetrápode, com ecossistemas ainda aparentemente desequilibrados ao final do período de amostragem, cerca de 15 milhões de anos após a extinção em massa. Os ecossistemas do Triássico Médio foram novamente complexos, mas pequenos piscívoros e insetívoros continuavam ausentes, assim como os grandes herbívoros e carnívoros especializados em se alimentar deles. Essas lacunas supostamente refletem ecossistemas incompletos e uma recuperação demorada, em vez de indicarem que o ecossistema atingiu o equilíbrio em um nível menor de complexidade do que o observado no Permiano Superior. Prova disso é que as faunas do Triássico Superior de outras partes do mundo apresentam ecossistemas mais completos – vários anfíbios, como pequenos piscívoros e insetívoros, bem como herbívoros e carnívoros de grande porte.

O mesmo padrão de recuperação lenta parece ser válido para plantas e animais marinhos. Durante muito tempo, os geólogos identificaram uma chamada "ausência de carbono" e "ausência de recife" abrangendo os 20 milhões de anos do Triássico Inferior e Médio. A vegetação terrestre era escassa e as árvores, em particular, eram raras; no mar, os recifes não se haviam restabelecido. A extinção em massa do fim do Permiano eliminara as florestas e os recifes da Terra e, possivelmente, levou 20 milhões de anos para que as diferentes espécies reinventassem essas importantes formas de vida.

Assim, nesse ponto dos ecossistemas, a recuperação durou 20 milhões de anos, muito mais do que o período de recuperação após as outras cinco grandes extinções em massa. Mas os outros eventos, mesmo a extinção dos dinossauros há 65 milhões de anos, foram muito menos severos, e as principais formas de vida não foram tão seriamente devastadas. A recuperação após o evento do fim do Permiano demorou ainda mais em uma escala global: a contagem do número de gêneros de animais marinhos indica que os totais do Permiano Superior não foram alcançados até o Jurássico Superior, cerca de 90 milhões de anos após a crise, e as famílias recuperaram sua riqueza global no final do Jurássico, 100 milhões de anos depois.

Nas palavras de Leigh Van Valen, reconhecido evolucionista e paleontólogo da Universidade de Chicago, a extinção em massa do fim do Permiano "reiniciou a evolução das comunidades do Fanerozoico". As plantas e os animais após o evento foram diferentes, e os seus modos de evolução também mudaram. Para a vida no mar e na terra, o novo mundo do Triássico, no início da Era Mesozoica, marcou o começo da construção dos ecossistemas modernos.

Capítulo 7

A origem dos ecossistemas modernos

> A lição eloquente dos dinossauros é que, se alguma grandeza é boa, uma superabundância de grandeza não é necessariamente melhor.
>
> Eric Johnston, Presidente da Câmara de Comércio dos EUA (1958)

Pode parecer absurdo iniciar um capítulo sobre a origem dos ecossistemas modernos com uma citação sobre dinossauros. No entanto, é certo que os atuais ecossistemas marinhos e terrestres começaram a se formar durante o Triássico e, ainda que possa parecer irônico, os dinossauros foram parte desses ecossistemas.

A extinção em massa do fim do Permiano foi um golpe tão grande em todas as formas de vida que os ecossistemas levaram muitas dezenas de milhões de anos para se reconstruir durante o Mesozoico. O limite Permo-Triássico marca uma profunda divisão na história da vida, tão profunda que foi observada na década de 1830, muito antes de os paleontólogos terem uma ideia clara da cronologia dos principais acontecimentos.

Este capítulo trata da Era Mesozoica, entre 251 e 65 milhões de anos atrás, um período marcado em cada extremo por um evento de extinção em massa: o fim do período Permiano, no início, e o igualmente famoso final do Cretáceo – a extinção K–T, por suas siglas para Cretáceo (K) e Terciário (T), que ocorreu no final da Era Mesozoica e viu a extinção de dinossauros, répteis marinhos e amonoides.

A Era Mesozoica foi assim denominada em 1840 pelo geólogo polímata inglês John Phillips (1800-1874): ele notou diferenças incontestáveis entre os fósseis das primeiras rochas, que atribuiu ao Paleozoico ("vida antiga") –

inclusive os períodos Cambriano e Permiano –, e as rochas subsequentes do Triássico, Jurássico e Cretáceo, que denominou coletivamente Mesozoico ("vida intermediária"). Ele atribuiu os 65 milhões de anos restantes, do final do Cretáceo aos dias atuais, ao Cenozoico ("vida recente").

Neste capítulo, vamos analisar os principais elementos na estrutura dos ecossistemas modernos, primeiro no mar e depois na terra. Para começar, é importante entender como o mundo era durante o Mesozoico.

O mundo Mesozoico

Deixando de lado a devastação da vida que ocorrera, o mundo Triássico foi, em muitos aspectos, semelhante ao Permiano. Todos os continentes permaneceram unidos como o supercontinente Pangeia, embora o Oceano Atlântico Norte tenha começado a se abrir no final do período, com a cisão a leste da América do Norte, ao sul da Europa e ao norte da África. No entanto, há fortes indícios de que os tetrápodes podiam migrar facilmente, porque as faunas de tetrápodes continentais eram similares em todo o mundo. Por exemplo, as primeiras faunas dos primórdios do Triássico foram dominadas pelo herbívoro cosmopolita *Lystrosaurus* (ver p. 123), bem como por outros répteis de pequeno e médio porte e anfíbios, que eram mais ou menos os mesmos em toda parte.

Os climas do Triássico eram quentes, com muito menos variação dos polos à linha do equador do que a existente hoje. Não há indícios de calotas polares, porque os polos Norte e Sul se encontravam, na época, sobre os oceanos. Durante o Triássico Superior, houve uma grande mudança climática de quente e úmido para quente e seco. Essa desertificação pode ter sido causada, em parte, por um deslizamento da Pangeia para o norte, de modo que as áreas mais afetadas se deslocaram para a zona equatorial. Independentemente das causas, essa mudança climática pode ter dado o pontapé inicial para os ecossistemas terrestres atuais, e certamente para o início da Era dos Dinossauros.

Os climas do Jurássico foram mais úmidos que no Triássico, e o cima quente prevaleceu até mesmo nos polos. Variedades subtropicais de coníferas e samambaias foram encontradas muito ao norte, a 60 graus de paleolatitude, e floras ricas foram identificadas na Groenlândia e na Antártida.

É provável que os climas do Cretáceo fossem igualmente quentes, embora haja indícios de que existiam calotas em ambos os polos durante parte desse período. As floras apresentam padrões similares às do Jurássico. As regiões polares tinham climas subtropicais e temperados, e o limite entre as floras temperadas e subtropicais estava 15 graus mais perto dos polos do que atualmente. Assim, a maioria dos Estados Unidos e da Europa, até a região atual da Dinamarca, e a maior parte da América do Sul e da África gozavam de climas tropicais. Os dinossauros e outros répteis fósseis foram encontrados em todas as zonas climáticas, do equador aos polos.

Durante o Jurássico e o Cretáceo, o Oceano Atlântico se abriu de forma progressiva, de norte a sul. No Jurássico Superior, o Atlântico Norte era bastante amplo, e possivelmente os dinossauros só podiam cruzá-lo através de uma ponte ao norte, sobre a Groenlândia. A África estava separada da Europa e da Ásia por oceanos durante grande parte do Jurássico e do Cretáceo, e estava ligada à América do Sul. Mas essa conexão foi quebrada no Cretáceo Inferior, quando surgiu o Atlântico Sul. Ao que parece, a América do Sul manteve uma estreita ligação perto de Madagascar, e a Índia e a Austrália se movimentaram rapidamente para o leste e perderam contato com a África, atingindo sua posição atual no final do Cretáceo.

A vida nos mares do Triássico

Alguns organismos marinhos sobreviveram à extinção em massa do fim do Permiano – alguns braquiópodes, moluscos, equinodermos, peixes e répteis. No Triássico Inferior, houve um período de condições incomuns, e muitos organismos marinhos se tornaram muito pequenos. Em alguns locais, há fósseis em abundância, mas talvez sejam todos gastrópodes diminutos, moluscos em espiral com um quarto ou metade de seu tamanho normal. Esse é o chamado Efeito Lilliput. Richard Twitchett, da Universidade de Plymouth, afirmou que os gastrópodes em miniatura, juntamente com os peixes, estrelas-do-mar e outros seres em miniatura, indicam uma época de alimento escasso. Talvez as espécies menores tenham sido as únicas capazes de sobreviver no mundo pós-extinção, ou talvez os indivíduos tenham apenas evoluído para se tornar menores.

Os amonoides, moluscos nadadores espiralados, foram particularmente atingidos a cada evento de extinção. Os amonoides do Permiano se diversificaram de maneira considerável e assumiram uma série de funções ecológicas na condição de carnívoros capazes de nadar, alimentando-se de plâncton e de pequenos crustáceos nadadores. Foram quase levados à extinção no final do Permiano, com exceção de duas ou três espécies que sobreviveram. Essas poucas se dividiram novamente no Triássico, e em 10 milhões de anos haviam substituído a maior parte de suas antigas funções ecológicas.

Os corais foram devastados pela extinção em massa do fim do Permiano. Os corais rugosos e tabulados que formaram a maior parte dos recifes do Paleozoico desapareceram, e houve uma "ausência de recife" de 10 a 15 milhões de anos durante o Triássico Inferior e Médio, período em que os recifes não existiram. Em seguida, o Scleractinia, o principal grupo de corais moderno, começou a formar pequenas áreas de recifes no Triássico Médio e Superior e – finalmente assumindo a função que estava desocupada – construiu recifes tropicais cada vez maiores, como os que vemos hoje.

A extinção em massa do fim do Permiano levara muitos grupos de peixes à extinção, mas os sobreviventes se diversificaram no Triássico, incluindo tubarões de aparência relativamente moderna. Os peixes ósseos se espalharam por toda parte e a maioria das formas do Triássico tinha couraças mais leves do que as de seus precursores. Alguns desses novos grupos de peixes se tornaram imensamente diversos. Os *Semionotus*, por exemplo, eram pequenos peixes que nadavam ativamente e estavam presentes em grande diversidade em sistemas lacustres antigos da costa leste da América do Norte. Alguns de seus parentes apresentavam o corpo achatado dorsiventralmente, outros eram compridos e alguns tinham focinhos pontiagudos.

Répteis marinhos do Triássico

A crescente diversidade de peixes marinhos no Triássico, assim como a de outros novos animais do leito marinho e de amonoides, proporcionava uma rica dieta para predadores maiores. No Permiano, existiam poucos répteis marinhos, mas houve uma incrível diversificação desses animais no Triássico (ver figura 19). Alguns deles logo se extinguiram; outros estavam destinados a formar parte significativa do ecossistema marinho durante todo o Mesozoico.

Talvez o mais bem-sucedido grupo de répteis marinhos do Mesozoico tenha sido o dos ictiossauros (literalmente, "peixes lagartos"). Os ictiossauros (ver figura 19A) estavam extremamente adaptados à vida no mar, com o corpo similar ao de um golfinho – sem pescoço, fusiforme, com nadadeiras e cauda de peixe. Eles surgiram no Triássico Inferior e mantiveram praticamente a mesma forma durante toda a Era Mesozoica. Os primeiros ictiossauros, tais como o *Mixosaurus* da Alemanha, tinham entre 1 e 3 metros de comprimento e focinho longo. Os olhos eram enormes, e as maxilas estreitas e cobertas com dentes uniformes que pareciam pequenas estacas. Os membros anteriores e posteriores eram encurtados e alargados, como nadadeiras, e os dedos separados eram, muito provavelmente, envolvidos por uma "luva" de pele – como nos golfinhos de hoje – para que pudessem atuar de forma mais eficiente como órgãos de propulsão. Há poucas pistas no esqueleto de *Mixosaurus* sobre a sua ascendência: o ictiossauro claramente evoluiu dos répteis de vida terrestre, mas esses antepassados ainda precisam ser descobertos.

(A)

Mixosaurus, an Ichthyosaur

(B)

Nothosaur

(C)

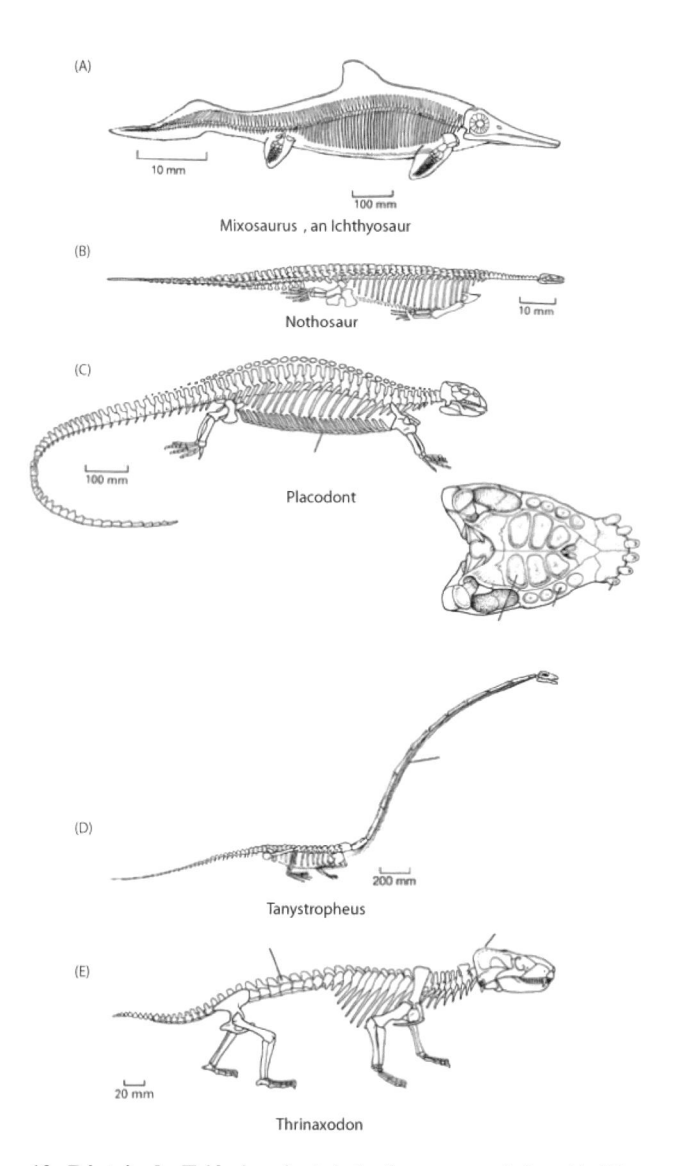

Placodont

(D)

Tanystropheus

(E)

Thrinaxodon

19. Répteis do Triássico, incluindo formas marinhas (A–D) e não marinhas (E).

O ictiossauro se tornou relativamente abundante, e centenas de espécimes são conhecidas do Triássico Médio e do Jurássico Inferior na Inglaterra e na Alemanha. No Triássico, alguns ictiossauros da América do Norte alcançavam 15 metros de comprimento, embora a maioria permanecesse na faixa de 1 a 3 metros. O ictiossauro paria filhotes vivos, como atestado por muitos esqueletos notáveis de fêmeas que morreram pouco antes ou durante o parto.

Dois grupos de répteis marinhos do Triássico, o pachypleurossauro e o nothossauro, tinham pescoço comprido e não eram tão fusiformes e adaptados à vida na água quanto os ictiossauros. Os pachypleurossauros tinham geralmente menos de 50 centímetros, e devem ter remado em busca de presas menores, provavelmente peixes e crustáceos. Os nothossauros eram maiores (ver figura 19B) e podem ter enfrentado o ictiossauro e peixes maiores. É provável que esses répteis passassem muito de seu tempo na água, mas talvez utilizassem a praia para desovar. Os nothossauros estão estritamente relacionados com os plesiossauros, grupo que conquistou fama no Jurássico.

Outro grupo de répteis marinhos exclusivo do Triássico eram os placodontes (ver figura 19C), cujo nome significa "dentes de pavimento". Essa designação se refere a sua boca, que era larga e tinha alguns incisivos espatulados na frente, além de enormes dentes achatados no palato e sobre o maxilar inferior, que era como um prato. Esse conjunto de dentes foi claramente projetado para esmagar; a dentição do placodonte decerto funcionava como um par de mós, e é provável que se alimentassem de moluscos. Os placodontes eram corpulentos e seus membros eram grandes e similares a remos. Eles possivelmente caminhavam no fundo do mar, nadavam pela água, e, é bem provável que lambiscassem em grandes bancos de ostras, raspando com os incisivos os mariscos, e esmagando as conchas entre seus grandes molares.

O mais estranho de todos os répteis marinhos foi o *Tanystropheus* (ver figura 19D), um ser terrestre que se encontra preservado nos sedimentos marinhos do Triássico Médio e Superior, lado a lado com pachypleurossauros, ictiossauros e placodontes. O *Tanystropheus* tinha um pescoço muito comprido, com o dobro do comprimento do resto de seu corpo. O pescoço não era muito flexível, porque tinha apenas de 9 e 12 vértebras cervicais. Os filhotes de *Tanystropheus* apresentavam pescoço relativamente curto e, conforme cresciam, este se esticava a um ritmo notável. Sua função é um mistério. Os dentes afiados indicam que o *Tanystropheus* era carnívoro e, sendo assim, talvez ficasse nas rochas ou nadasse nas águas rasas do mar, esticando rapidamente o pescoço para apanhar peixes.

Perto do final do Triássico, 50 milhões de anos após a extinção em massa do fim do Permiano, estabeleceram-se recifes de corais, e muitos tipos superficialmente familiares de moluscos, equinodermos e outros se moviam no fundo do mar. Parte da surpreendente diversidade de répteis marinhos não durou muito além do Triássico, mas outros tomaram seu lugar no Jurássico. De modo similar, os ecossistemas terrestres tinham recuperado uma extensão considerável durante o Triássico, e um novo grupo de répteis apareceu: os dinossauros.

Os ecossistemas terrestres

Durante a primeira parte do Triássico, as floras do Hemisfério Sul estavam dominadas pela *Dicroidium* – uma Pteridospermatophyta –, uma planta arbustiva com folhas largas. Rastejando por entre essas plantas havia numerosos diplópodes, lacraias, aranhas e insetos, nenhum deles tão grande quanto seus precursores do Carbonífero (ver p. 103). Outros habitantes da mata incluíam vermes, caracóis e lesmas, provavelmente – pelo menos à simples vista – bastante familiares. Estes só eram predados por pequenos répteis, tais como os Therocephalia e os Bauriids, répteis sobreviventes do Permiano e semelhantes a mamíferos.

Lagoas rasas e rios eram habitados por uma variedade de anfíbios, principalmente Temnospondyli, remanescentes do Carbonífero e do Permiano (ver p. 107), que continuaram nesse papel até o início do período Cretáceo. As faunas do Triássico eram uma mistura interessante de sobreviventes do Paleozoico, como os Temnospondyli, e grupos inteiramente novos que, segundo se supõe, tiveram a chance de evoluir após a devastação de ecossistemas causada pela extinção ao fim do Permiano.

Outros predadores pequenos foram os cinodontes (literalmente, "dentes de cães"), répteis bem diferentes dos de seu tempo. Um exemplo é o *Thrinaxodon,* do Triássico Inferior, na África do Sul (ver figura 19E). Esse animal provavelmente parecia um pouco com um cachorro, e pode até mesmo ter tido pelos – uma afirmação aparentemente drástica, porque o pelo não está fossilizado. O *Thrinaxodon* tinha cabeça pequena, mandíbulas cobertas com dentes diferenciados (incisivos, caninos, molares), pescoço flexível, costas fortes e rabo curto. Os membros eram mantidos bem eretos, sob o corpo, em vez de estender para o lado, como a maioria dos outros animais no início do Triássico, e talvez pudesse se locomover bastante rápido.

E quanto à sugestão do pelo? Se o *Thrinaxodon* tinha pelo, presume-se que tinha sangue quente, o que o tornaria mais próximo de um mamífero do que de um réptil. Os indícios de pelo são as minúsculas cavidades que o *Thrinaxodon* tem em seu focinho, exatamente como as aberturas em torno do focinho dos mamíferos modernos, através das quais os nervos sensoriais chegam aos bigodes. Os mamíferos usam o bigode para detectar os arredores, e, ao que parece, os cinodontes primitivos também tinham bigode. Os bigodes são pelos modificados, e se o *Thrinaxodon* tinha bigode, é provável que também tivesse pelos por todo seu corpo.

Os cinodontes do Triássico Inferior apresentavam outras características de mamíferos: os dentes são diferenciados, ao contrário dos répteis, que em geral possuem dentes mais ou menos idênticos em toda a mandíbula. Também na espinha dorsal o *Thrinaxodon* apresenta duas regiões, as vértebras torácicas comuns, à frente, que contêm as costelas, e as vértebras lombares, atrás, sem costelas. Os répteis normalmente têm costelas ao longo de todo o comprimento de seu tórax, ao passo que os mamíferos têm costelas ao redor dos pulmões, seguidas de um diafragma forte para bombeá-los, e ausência de costelas na região da barriga.

O surgimento dos répteis dominantes

Na terra, os principais beneficiários da extinção em massa do fim do Permiano foram os cinodontes, tais como os *Thrinaxodon,* e os arcossauros, que, literalmente, significam "répteis dominantes". Os arcossauros incluem hoje os crocodilianos e as aves, mas no passado eram mais diversificados, e incluíam os dinossauros e pterossauros extintos. Os arcossauros se distinguem dos outros répteis por possuírem a chamada *fenestra anterorbital*, uma abertura no lado do crânio entre a narina e a órbita do olho, de função incerta. O primeiro arcossauro foi encontrado na Rússia e data do último período Permiano.

No início do Triássico, os arcossauros eram predadores de porte modesto, de até um metro de comprimento. Mas, 5 milhões de anos após a extinção do fim do Permiano, o *Erythrosuchus* alcançara até 5 metros de comprimento e estava equipado com um crânio volumoso, sendo claramente capaz de capturar qualquer presa. Os arcossauros se diversificaram muitíssimo no Triássico Médio e Superior. Alguns se tornaram grandes carnívoros, outros se tornaram especificamente piscívoros, outros adotaram uma vida herbívora, outros ainda eram insetívoros pequenos, bimembres e velozes (os crocodilos e os dinossauros), e alguns foram para o ar (os pterossauros).

Os pterossauros eram proficientes voadores alados, com um corpo leve, o crânio em forma de machadinho estreito e longas asas sustentadas pelo quarto dedo da mão, espetacularmente alongado. Os ossos do braço e do dedo sustentavam uma membrana resistente e flexível que se podia dobrar quando o animal estava em repouso e estender para o voo.

Os pterossauros eram cobertos de pelo, e quase certamente *endotérmicos*, isto é, capazes de gerar calor dentro do corpo para manter uma alta taxa metabólica durante o voo.

Os pterossauros eram importantes animais voadores durante o Jurássico e o Cretáceo. Em sua maioria, piscívoros, mas havia também insetívoros, e é bem possível que alguns tenham sido detritívoros, alimentando-se de carcaças de dinossauros, como abutres gigantes. Alguns pterossauros posteriores eram muito maiores do que qualquer outra ave conhecida, como o *Pteranodon*, com uma envergadura de 5 a 8 metros, e o *Quetzalcoatlus,* com uma envergadura de 11 a 15 metros. A maioria dos pterossauros se alimentava de peixes capturados em águas costeiras, mas outros eram insetívoros.

Os primeiros dinossauros

Os dinossauros surgiram no início do Triássico Superior, cerca de 230 milhões de anos atrás. Os exemplos mais antigos foram encontrados na Formação Ischigualasto, na Argentina: o *Eoraptor* e o *Herrerasaurus*. Ambos são relativamente bem conhecidos a partir de amostras quase completas, e eles ajudam a compreender os dias antes de os dinossauros se tornarem proeminentes.

O *Eoraptor* era um bípede leve, com cerca de um metro de comprimento, e o *Herrerasaurus* era maior, com cerca de 3 metros. Ambos tinham patas traseiras compridas, adaptadas para uma corrida rápida, e braços mais curtos equipados com mãos fortes para agarrar suas presas. Esses dinossauros também apresentavam modificações importantes na região do quadril para melhorar a sua postura ereta e a velocidade de movimento.

O *Eoraptor* e o *Herrerasaurus* conviveram com animais maiores e mais abundantes, como o corpulento rincossauro *Scaphonyx*, e o dicinodonte *Ischigualastia,* do porte de um hipopótamo e descendente do *Lystrosaurus*. Claramente, este não é um ecossistema onde os dinossauros "governaram", embora no fim do Triássico a paisagem estivesse repleta de dinossauros.

Os paleontólogos costumavam empregar metáforas bastante másculas para o tempo dos dinossauros: a dominação dos répteis, o domínio dos dinossauros, a dinastia dos dinossauros. E, embora, no fim de seus dias, os dinossauros tenham sido vistos como bastante acabados e exaustos, no início se supõe que foram viris, ativos, dominantes e, na maioria dos aspectos, melhores do que os animais que os precederam. Mas os paleontólogos podem realmente falar em termos como esses?

A crise do Carniano

Quando eu era estudante, aprendi que os principais grupos de plantas e animais surgiram, em sucessão, como melhorias aos anteriores. O novo grupo – neste caso, os dinossauros – prevalecia sobre os grupos existentes – aqui, os dicinodontes e os rincossauros – por sua capacidade de adaptação. Afinal, a evolução é a "sobrevivência dos mais aptos", e fazia sentido que a sucessão da maioria das formas de vida ao longo do tempo implicasse progressão e melhoria.

Eu me lembro de questionar esse pressuposto. Parece uma ideia tão óbvia de certa forma, mas como podemos ter certeza de que as plantas e os animais subsequentes são sempre "melhores" do que seus precursores? A evolução é um processo pelo qual os organismos individuais, e as espécies, podem melhorar sua adequação ao ambiente, mas os ambientes continuam evoluindo. Assim, a meta para a adaptação não é estática. Portanto, podemos ter certeza de que os dinossauros prevaleceram porque eram absolutamente melhores do que aqueles que os precederam?

Como parte de minha tese de doutorado na Universidade de Newcastle, analisei os dados. Acontece que não havia evidências de que, no longo prazo, os dinossauros tivessem substituído os grupos de répteis primitivos. A teoria da competição no longo prazo poderia ter sugerido uma sucessão de faunas em que os dinossauros se tornaram mais e mais comuns e seus antecessores desapareceram gradativamente. Nada disso.

O período crítico é a Idade Carniana, de 230 a 220 milhões de anos atrás. A fauna do Ischigualasto, na Argentina, e outras da mesma idade em todo o mundo, contêm os primeiros dinossauros, pequenos e bastante raros. Alguns milhões de anos mais tarde, na Idade Noriana, os dinossauros estavam por toda parte. Os rincossauros, os dicinodontes e outros herbívoros tinham desaparecido. É possível que seu desaparecimento estivesse relacionado com importantes variações ambientais naquele momento, quando os climas passaram de úmidos a áridos e a flora *Dicroidium* foi substituída por uma flora de coníferas? Sem as baixas e exuberantes samambaias com sementes, os dicinodontes e os rincossauros foram eliminados. Só um novo tipo de herbívoro poderia chegar até as árvores coníferas e lidar com suas folhas pontiagudas.

Há três grupos principais de dinossauros e todos surgiram nesse momento. Os terópodes, as formas carnívoras, continuaram sendo animais pequenos em geral, e poucos deles superavam os 3 metros de comprimento no Triássico. A limitação no tamanho pode ser porque ainda existiam alguns grupos de arcossauros, não dinossauros, que ocupavam o nicho ecológico dos principais carnívoros. Estes foram os rauisuchianos, animais quadrúpedes robustos, com crânio de um metro de comprimento e dentes vastos e afiados capazes de capturar os dicinodontes e os rincossauros do Carniano, bem como os primeiros dinossauros herbívoros que os substituíram.

Os principais beneficiários do evento de extinção do final do Carniano foram os sauropodomorfos, a segunda principal linhagem da evolução dos dinossauros. Eram animais como o *Plateosaurus*, do final do Triássico, todos herbívoros, e ancestrais dos dinossauros gigantes de pescoço longo do período Jurássico. Dezenas de esqueletos de *Pla-*

teosaurus foram encontradas na Europa Central, da França à Groenlândia, e da Holanda à Polônia, e este foi claramente o herbívoro dominante do seu tempo.

O *Plateosaurus* chegava a medir 7 metros de comprimento e tinha pescoço comprido, corpo pesado e cauda longa. Era fundamentalmente bípede, a condição primitiva para os dinossauros, mas foi se tornando tão grande que também era capaz de se erguer e andar sobre as quatro patas. Tinha uma cabeça minúscula e as mandíbulas cheias de pequenos dentes pontiagudos, em forma de folha, claramente adaptados para comer plantas. A pata dianteira tinha um polegar grande em forma de gancho que pode ter sido usado para remover folhas e outros materiais vegetais. Grandes manadas desses animais percorriam a Europa e, supostamente, o resto do mundo: na América do Norte, não se encontraram esqueletos, mas muitos depósitos estão cobertos de suas pegadas.

O terceiro grupo de dinossauros, os ornitísquios, é escassamente encontrado no Triássico Superior, mas ganhou destaque no começo do Jurássico. Os ornitísquios eram herbívoros, e começaram sendo bípedes pequenos, mas logo se diversificaram e, durante o Jurássico, incluíam formas bípedes não encouraçadas e quadrúpedes encouraçadas. Mas eles realmente devem ser vistos como parte de um ecossistema moderno?

Faunas modernas do Triássico Superior

O viajante do tempo que observou o Triássico Superior pode ser perdoado por ver o mundo como um completo estranho. As plantas incluíam coníferas, samambaias e musgos, as típicas plantas de hoje, mas não havia plantas com flores. Os animais mais óbvios eram os dinossauros de todos os tamanhos e os pterossauros no ar. Mas um exame mais detalhado poderia revelar uma diversidade de formas familiares.

Entre os *Temnospondyli* aquáticos estavam as primeiras rãs, e talvez também salamandras. Além disso, as tartarugas surgiram no Triássico Superior. Enquanto o *Plateosaurus* tropeçava pelas florestas da Europa Central, uma ou duas tartarugas fortemente blindadas se arrastavam nas beiras dos lagos. A carapaça servia para proteger o réptil de ser pisoteado acidentalmente por um dinossauro, ou mais provavelmente para evitar a predação?

Havia também os primeiros animais similares a lagartos. Os lagartos modernos surgiram no Jurássico, e as cobras no Cretáceo, mas um grupo basal, os esfenodontídeos, teve origem no final do Triássico. Há um esfenodontídeo vivo, a tuatara *Sphenodon,* da Nova Zelândia. Esse famoso "fóssil vivo" habita tocas e se alimenta de vermes e insetos. Tem um crânio mais sólido e mais pesado do que o dos verdadeiros lagartos e muitas outras características primitivas, e provavelmente não é muito distinto de seus antecessores do Triássico.

Havia também os primeiros crocodilianos, que tinham hábitos predominantemente terrestres, andavam em quatro patas e possuíam uma armadura formada de múltiplas placas ósseas. Os crocodilianos se diversificaram e tornaram-se mais abundantes durante os períodos Jurássico e Cretáceo. Alguns até desenvolveram adaptações para uma vida totalmente marinha, a ponto de possuir nadadeiras em vez de patas e uma acentuada barbatana caudal para acelerar a natação.

O mais impressionante dos grupos "modernos" dessa época foram os primeiros mamíferos. Nós já vimos que os cinodontes – como o *Thrinaxodon,* do Triássico Inferior – tinham sangue quente, dentes diferenciados, um diafragma e um andar ereto, típicos de mamíferos. No Triássico Superior, um grupo cinodonte havia dado origem aos primeiros mamíferos. Pouco maiores do que os musaranhos, ainda assim eram mamíferos, e se alimentavam de insetos, como demonstram seus pequenos dentes afiados como agulhas. Os fósseis desses mamíferos originais são extremamente raros e mostram como o esqueleto do réptil se modificou para se tornar um mamífero plenamente desenvolvido. A mudança mais surpreendente é que a articulação da mandíbula dos répteis foi incorporada ao ouvido médio dos mamíferos.

Nos répteis, a articulação da mandíbula fica entre os ossos articulares do maxilar inferior e o osso quadrado do crânio. Nos mamíferos de hoje, a articulação da mandíbula é formada pelos ossos dentários da mandíbula e pelo osso esquamosal no crânio. Durante o Triássico, uma notável série de fósseis mostra como o aparentemente impossível aconteceu: uma articulação da mandíbula perde sua função, e outra articulação é inventada para tomar seu lugar. Alguns cinodontes do Triássico Médio e Superior tinham *duas* articulações maxilares em funcionamento, mas a reptiliana estava passando a ser utilizada na audição. Os répteis, tal como os peixes, têm um único osso auditivo, o estribo, que é uma vara simples que vai do tímpano à caixa craniana. Os mamíferos possuem três ossículos auditivos, os famosos martelo, bigorna e estribo. O estribo dentro do nosso ouvido é o osso original de audição dos peixes, enquanto os articulados martelo e bigorna são o articular e o quadrado dos répteis. Assim, nosso ouvido médio contém um notável remanescente reptiliano, um lembrete de nossa herança evolutiva.

A evolução dos dinossauros

Os três principais grupos de dinossauros evoluíram e se diversificaram consideravelmente durante o Jurássico e o Cretáceo. Depois de já terem ocupado nichos como herbívoros de médio e grande porte e pequenos carnívoros nos ecossistemas terrestres do Triássico Superior, eles assumiram a posição de grandes herbívoros quando os rauisuchianos e outros grupos de arcossauros se extinguiram no final do Triássico.

Os dinossauros jurássicos mais impressionantes foram os saurópodes, como o *Brachiosaurus* e o *Diplodocus*, presentes sobretudo no Meio-Oeste americano. Quando esses monstros foram descobertos no século XIX, muitos paleontólogos pensavam que eles eram grandes demais para ter vivido plenamente em terra firme. Supunha-se que os saurópodes vivessem em lagos, apoiando na água o corpo volumoso e se alimentando de plantas da orla. Novos indícios demonstram, no entanto, que a vida na terra era perfeitamente possível, e de fato o longo pescoço do *Brachiosaurus* fez dele uma supergirafa, um dinossauro capaz de se alimentar de folhas de árvores muito altas, bem fora do alcance de qualquer outro animal.

Mas como os saurópodes ficaram tão grandes? O *Brachiosaurus* e seus familiares atingiram comprimentos de 20 metros ou mais, e alguns pesavam até 50 toneladas. Um elefante chega à maturidade sexual por volta dos 15 anos de idade, mas o maior elefante moderno tem menos de um décimo do tamanho de um grande saurópode. As evidências dos anéis ósseos sugerem que os saurópodes realmente cresciam muito rápido quando jovens, aumentando seu peso em 5 toneladas por ano, durante um surto de crescimento entre os 5 e 12 anos de idade, ponto em que alcançavam seu peso de adulto, de 25 a 30 toneladas. Eles provavelmente podiam procriar nessa idade, mas continuariam crescendo, a uma taxa menor, por vários anos.

Aparentemente, os saurópodes viviam em manadas, como dão a entender as antigas trilhas que mostram rebanhos caminhando nas margens de um lago primitivo. Eles pastavam folhas de arbustos e árvores, mantendo seu longo pescoço mais ou menos na horizontal a maior parte do tempo, mas levantando-o quando necessário. Os ninhos de ovos de saurópodes mostram que esses dinossauros escavavam um amplo ninho na lama e colocavam até uma dúzia de ovos do tamanho de uma bola de rúgbi. Eles possivelmente cobriam os ovos com areia e os deixavam para chocar. Não está claro se os dinossauros cuidavam de seus filhotes – é uma boa ideia, muitas vezes mostrada em filmes de animação, mas os indícios são duvidosos.

Os primeiros terópodes eram pequenos, mas o grupo se diversificou no Jurássico e no Cretáceo. O *Allosaurus* do Jurássico Superior era capaz de caçar todos os outros animais dessa paisagem, com exceção dos saurópodes, que eram suficientemente grandes, como os elefantes de hoje, para escapar da maioria dos predadores. Dentre os terópodes do Cretáceo estava o *Deinonychus*, do tamanho de um ser humano, extremamente ágil e inteligente – ele tinha um cérebro do tamanho de um pássaro. Sua principal característica era uma garra enorme na pata posterior, que quase certamente usava para retalhar suas presas. O *Tirannosaurus* é famoso como o maior predador terrestre de todos os tempos. Podia chegar a 14 metros de comprimento e, quando escancarada, sua boca tinha quase um metro.

Os dinossauros terópodes deram origem às aves. Na verdade, a ave mais antiga, o *Archaeopteryx* do Jurássico Superior, encontrado no sul da Alemanha, tem o esqueleto de um dinossauro carnívoro pequeno, mas está coberto de penas. Muitos terópodes tinham penas – como demonstram os fósseis espetaculares de Liaoning, na China – e estas provavelmente tinham função de isolamento térmico, para que pudessem ser animais de sangue quente. Alguns parentes do *Deinonychus* tinham até mesmo penas de voo ao longo de suas patas traseiras e dianteiras, e alguns podem tê-las usado para planar, a partir de um lugar alto. O *Archaeopteryx* era capaz de voar, e as aves evoluíram muito durante o Cretáceo, e se tornaram particularmente diversas e abundantes após esse período.

Os ornitísquios, o terceiro maior grupo de dinossauros, divergiram, durante o Jurássico, em formas encouraçadas e sem couraça (ver figura 20). Dois grupos de ornitísquios encouraçados foram os estegossauros e os anquilossauros. O estegossauro *Stegosaurus* tinha uma fileira de placas ósseas ao longo de suas costas, cuja finalidade pode ter sido regular a temperatura ou simplesmente ostentação. O anquilossauro *Euoplocephalus* é um animal grande como um tanque, com uma armadura sólida de pequenas placas ósseas na pele das costas, cauda, pescoço e crânio: tinha até mesmo uma pálpebra óssea. A clava da cauda era uma arma defensiva útil para golpear predadores como o *Tyrannosaurus*.

20. Dinossauros do Jurássico Superior, na América do Norte.

A maioria dos ornitísquios eram ornitópodes, formas bípedes inicialmente pequenas, mas que mais tarde apresentavam, muitas vezes, grandes dimensões. No Cretáceo Superior, os hadrossauros eram herbívoros prósperos e de movimentos rápidos. Muitos deles tinham cristas estranhas sobre a cabeça que talvez fossem usadas para sinalização específica da espécie, e a mandíbula em forma de bico de pato continha fileiras de dentes afiados. Os ceratopsianos ("cara com chifre"), como o *Centrosaurus,* eram parentes próximos dos ornitópodes e tinham um único chifre longo acima do nariz e um grande escudo ósseo sobre o pescoço.

Tem havido um debate contínuo sobre se os dinossauros eram animais de sangue quente ou não. As evidências para sustentar a primeira hipótese são mais contundentes para os pequenos predadores ativos como o *Deinonychus,* que possivelmente requeriam mais resistência e velocidade. No entanto, a endotermia é custosa no que concerne à comida extra, necessária como combustível, e não está claro se os dinossauros maiores conseguiam comer rápido o suficiente.

Na verdade, os dinossauros maiores teriam mantido a temperatura corporal mais ou menos constante simplesmente por causa de seu tamanho, sendo ou não endotérmicos.

A revolução marinha do Mesozoico

No campo da diversificação da vida marinha ou terrestre, houve um grande um aumento da diversidade no Cretáceo, há cerca de 100 milhões de anos. A biodiversidade se recuperou lentamente após a extinção do final do Permiano e, como vimos, os ecossistemas estavam mais ou menos reconstruídos ao final do Triássico. Muitos dos grupos modernos de organismos estavam presentes, mas a diversificação rápida aconteceu nos últimos 100 milhões de anos. Esse aumento na diversidade da fauna e da flora modernas coincide com alguns acontecimentos marcantes no mar e em terra.

Note-se que esse padrão de diversificação tem sido questionado. Os paleontólogos devem avaliar corretamente a qualidade do registro fóssil: eles podem mesmo ter certeza de que a diversidade dos fósseis coletados corresponde à diversidade da vida naquele momento? Embora a maioria dos paleontólogos concorde que seria insensato ler cada subida e descida na curva de diversificação como um evento real, o aumento de biodiversidade que se dá no Cretáceo Inferior é tão afirmado, e repetido em todas as análises, que é bem provável que seja real.

No mar, há três aspectos fundamentais do pulso de diversificação no Cretáceo, por vezes denominado Revolução Marinha do Mesozoico: novos tipos de plâncton, mudanças nos hábitos de predação, e novos grupos de vertebrados.

Primeiro, os grupos de plâncton se diversificaram extremamente durante o Mesozoico. Os cocólitos, organismos simples semelhantes a plantas, com conchas de carbonato de cálcio, surgiram no Triássico Superior e se tornaram muitíssimo abundantes no Cretáceo. De fato, eles eram tão abundantes que suas conchas mortas cobriam o fundo do mar, formando o que se tornariam muitas centenas de metros de depósitos de giz, no Cretáceo Superior, em muitas partes do mundo. Os foraminíferos planctônicos também aumentaram no Triássico Superior, e se tornaram extremamente diversos e abundantes no período Cretáceo, como o fizeram os dinoflagelados, algas nadadoras com paredes orgânicas, os radiolários, com suas conchas de silício, e as diatomáceas, algas unicelulares marrons.

Os perversos novos modos de predação parecem ter estimulado o surgimento de novos grupos de animais no fundo do mar que quebravam, esmagavam e perfuravam suas presas. Os ancestrais dos caranguejos e lagostas surgiram no Cretáceo Inferior, e eles mordiam e rachavam as conchas e os equinodermos. Apareceram novos tipos de trituradores de conchas, os durófagos, incluindo o placodontes do Triássico (ver p. 140), bem como uma ampla gama de peixes e répteis esmagadores de conchas do Jurássico e do Cretáceo. Alguns gastrópodes perversos, essencialmente búzios, desenvolveram capacidades de perfuração extraordinárias. A perfuração de conchas é um modo eficiente de predação, mas novos grupos no Cretáceo refinaram essa habilidade para novos níveis. O gastrópode usa tanto meios químicos quanto físicos para cortar um buraco no escudo de sua presa e depois sugar o conteúdo. Ele pode secretar ácidos diluídos, que queimam a casca de carbonato de cálcio, ou usar a rádula com dentes, uma espécie de língua, para limar um buraco. Outros predadores martelavam suas presas contra superfícies e depois as espetavam e as sugavam por suas aberturas naturais, engolindo-as inteiras, ou arrancavam a carne da concha.

Os organismos que eram presas precisavam, claramente, aumentar suas defesas. Na verdade, o que estava acontecendo era uma "corrida armamentista", em que predador e presa levavam um ao outro à evolução. Conforme os ataques se tornavam mais perversos, moluscos e equinodermos desenvolviam conchas mais grossas, armadura adicional ou mecanismos de fuga. A lula, por exemplo, quando se sente ameaçada, despeja na água uma densa nuvem de tinta negra-azulada, e nada para trás impulsionada por rápidos jatos de água que solta por meio de um sifão logo abaixo de sua cabeça. Os amonoides talvez se comportassem de forma semelhante. Isso confundia a maioria dos peixes e répteis predadores. Em muitas ocasiões, as criaturas do fundo do mar se tornaram escavadores eficazes, e nunca houve tanta escavação quanto no Cretáceo.

Os peixes modernos evoluíram rapidamente no Jurássico e Cretáceo. Os *Neoselachii*, os tubarões modernos, surgiram no Triássico, mas se diversificaram e cresceram em grande número no Cretáceo. Sua evolução foi paralela à dos peixes ósseos, suas principais presas. Na atualidade, o grupo mais importante de peixes ósseos são os teleósteos, cerca de 23 mil espécies, que abarcam o salmão, o Kinguio, o cavalo-marinho e o linguado. Os teleósteos não são blindados, mas contam com movimentos rápido, e um cintilante brilho prateado que confunde os predadores. Ao contrário dos tipos de peixes ósseos anteriores, que tinham bocas bastante simples, os teleósteos podem projetar a boca em um notável "beiço" que lhes permite sugar as presas, e adaptaram suas mandíbulas para escavar, cortar corais e exercer muitas outras funções.

Os principais predadores nos mares do Jurássico e do Cretáceo foram os répteis marinhos – plesiossauros e ictiossauros que evoluíram de ancestrais do Triássico, bem como um grupo extraordinário do Cretáceo, os mosassauros. Os mosassauros eram lagartos que adotaram hábitos marinhos de forma secundária, e atingiam um tamanho descomunal: alguns deles chegavam a 10 metros de comprimento. Eram importantes predadores de peixes e amonoides no Cretáceo Superior, mas, juntamente com os ictiossauros, os plesiossauros e os dinossauros, todos se extinguiram no final desse período.

A explosão terrestre do Cretáceo

Houve uma explosão igualmente importante de vida na terra a partir do Cretáceo. Como vimos, no Triássico Superior, muitos grupos de tetrápodes modernos se haviam estabelecido: sapos, tartarugas, crocodilos, lagartos e mamíferos. Mas as plantas e os insetos ainda eram de classes mais primitivas. Tudo isso mudou no início do Cretáceo.

As paisagens do Triássico e do Jurássico continham samambaias baixas, cavalinhas e cicadáceas, além de musgos do tamanho de árvores, samambaias com sementes e coníferas. No Cretáceo Inferior, as primeiras plantas com flores (angiospermas) apareceram, e rapidamente se espalharam durante o Cretáceo Superior até atingirem os níveis atuais de biodiversidade. As primeiras angiospermas incluem a magnólia, a faia, a figueira, o salgueiro, a palmeira e outros arbustos e árvores floridos familiares.

As angiospermas são, de longe, as plantas mais prósperas da atualidade, com mais de 260 mil espécies que ocupam quase todos os habitats terrestres. A flor das angiospermas, em si, não foi a razão para o sucesso dessas plantas, e sim seu modo de reprodução de "dupla fertilização". O esperma viaja na forma de pólen e fertiliza o óvulo de uma flor fêmea. Ao mesmo tempo, mais esperma "fertiliza" outra parte do tecido da planta fêmea, que produz um tecido nutritivo para o embrião em desenvolvimento. Esse processo é mais econômico do que outros meios de reprodução da planta nos quais a armazenagem de alimento nas sementes pode ser desperdiçada se o embrião não for fecundado.

O pólen deve ser transportado de forma eficiente, seja pelo vento ou pela água (como em plantas mais primitivas), seja pela ação dos insetos. Muitas flores evoluíram em conjunto com determinados insetos, morcegos ou pássaros, de modo que o polinizador é obrigado a trabalhar duro em nome da angiosperma. Por meio de uma recompensa de néctar, os animais polinizadores são atraídos por certas espécies de flores, entram para beber o néctar e passam à flor seguinte carregando o pólen, que depois é transportado para as estruturas femininas da planta, onde a fertilização acontece. As flores, como muitas vezes foi dito, são a forma que as plantas encontraram de escravizar abelhas, mariposas, morcegos e outros animais polinizadores.

A ascensão das angiospermas no Cretáceo levou, ao mesmo tempo, a uma grande diversificação dos insetos. Os grupos de besouros e moscas que polinizam várias plantas já estavam presentes no Jurássico e no Cretáceo Inferior, mas as borboletas, mariposas, abelhas e vespas são encontradas, como fósseis, somente a partir do Cretáceo e do Terciário. A evolução de determinadas famílias de abelhas e vespas, por exemplo, pode estar estritamente ligada à evolução de certos grupos de angiospermas.

Extinção

A Era Mesozoica é comumente chamada de "Era dos Dinossauros", e para o intrépido viajante do tempo eles pareceriam muito óbvios na paisagem do Jurássico e do Cretáceo. Em muitos aspectos, no entanto, os dinossauros foram um raro espetáculo secundário, sem dúvida grande, que impedia de ver muitos dos aspectos mais importantes da evolução dos ecossistemas marinhos e terrestres.

A extinção em massa no fim do Cretáceo, comumente chamada de extinção K–T ("K" para Cretáceo, porque "C" já foi atribuído ao Carbonífero, e "T" para o Terciário), é uma das cinco grandes extinções em massa (ver p. 113). Tem sido estudada em cada detalhe, mas apresentaremos apenas um simples esboço do que aconteceu.

Embora muito debatida ao longo dos anos, a extinção K–T foi quase certamente causada pelo impacto de um enorme meteorito na Terra. Existem indícios de um resfriamento de duração prolongada e de grandes erupções vulcânicas na Índia (os Traps de Deccan), mas estes por si sós não parecem ter causado a extinção em massa.

O meteorito, com cerca de 10 quilômetros de diâmetro, atingiu a Terra na região da península de Yucatán, no sul do México. O impacto criou a enorme cratera de Chicxulub, de cerca de 150 quilômetros de diâmetro, e que agora está totalmente coberta por sedimentos mais recentes. Os mapas geofísicos e as perfurações na estrutura mostram que a cratera chegou ao manto terrestre antes de se produzir o efeito rebote. Há pedras derretidas no chão da cratera, e o impacto causou grandes tsunamis, ondas gigantes que se espalharam pelo antigo Caribe e atingiram as costas das Américas, arrastando pedras do tamanho de uma casa.

O meteorito que explodiu também enviou grandes nuvens de poeira à atmosfera superior, que se espalharam por muitos meses sobre a superfície da Terra, contendo irídio, um elemento raro proveniente do centro do meteorito. Essas nuvens bloquearam o Sol, causando o resfriamento global e a cessação da fotossíntese das plantas terrestres e do plâncton. Desse modo, cortou a base de muitas cadeias alimentares, o que levou à extinção generalizada. O que as trevas não mataram sucumbiu ao frio gélido de um mundo escuro.

Os grandes répteis desapareceram – dinossauros, pterossauros, ictiossauros, plesiossauros, mosassauros –, mas os sapos, salamandras, lagartos, cobras, tartarugas, crocodilianos, aves e mamíferos, todos sobreviveram, com algumas perdas importantes aqui e ali. As plantas e os insetos foram afetados apenas temporariamente. Dentre os seres marinhos, as amonites e outras formas cretáceas se extinguiram, mas a maioria dos animais no leito do mar sobreviveu. Os foraminíferos foram duramente atingidos, assim como outros elementos do plâncton.

A extinção K–T foi uma extinção grave que afetou profundamente a evolução da vida, e principalmente – seria possível afirmar – abriu caminho para que os antepassados distantes dos seres humanos povoassem os ecossistemas terrestres.

Capítulo 8

A origem do homem

> Por que o homem foi criado no último dia? Para que se possa dizer, quando o orgulho o possui: Deus criou o mosquito antes de ti.
>
> Talmude

> O universo pode ter um propósito, mas nada do que conhecemos sugere que, se assim for, esse propósito tem alguma semelhança com o nosso.
>
> Bertrand Russell

Por que o último capítulo deste livro é sobre a origem dos seres humanos? O argumento pode ser que isso segue a ordem cronológica correta: nós vimos a origem da vida, o sexo, esqueletos, a vida na terra, os dinossauros, e os seres humanos vêm em seguida. Isso tudo está muito bem, mas poderíamos igualmente observar a origem dos pardais ou dos gatos ou das batatas-doces. É praticamente impossível não se centrar na origem humana, porque somos humanos. Aí reside um perigo. Os seres humanos não são o ápice da evolução. Tudo o que se passou antes não era um prelúdio para a aparição de seres humanos que chegaram a uma grande consagração.

Mas os seres humanos são especiais: nenhuma outra espécie na Terra, que seja de nosso conhecimento, escreve livros, ou mesmo reflete sobre a história de sua própria espécie. Sábios filósofos através dos tempos nos alertaram para ser humildes. Mas não é disso que trata a humildade. O ponto-chave é que a evolução não é teleológica, ou "orientada para uma meta". Pode não existir um caminho traçado rumo ao futuro para a evolução: as espécies vêm e vão, fustigadas pelas vicissitudes da história.

No final do Triássico, um naturalista não teria nenhuma razão para supor que os dinossauros se tornariam grandes e diversificados e dominariam os ecossistemas terrestres por mais de 160 milhões de anos, e que os mamíferos permaneceriam pequenos e humildes habitantes da noite. Da mesma forma, quando os dinossauros foram varridos da superfície da Terra pela extinção K–T, crocodilianos, aves ou mamíferos, todos tinham uma chance razoável de se tornar os predadores supremos. Na América do Sul, que esteve isolada de outras partes do mundo, alguns crocodilianos se tornaram mais terrestres e assumiram o papel de predadores. Nesse mesmo continente, mas também na América do Norte e na Europa, pássaros gigantes, com um bico de mais de um metro de comprimento capaz de quebrar ossos, predaram os ancestrais de cavalos e gatos.

No início do novo mundo, durante a Época Paleocena do Período Terciário da Era Cenozoica (ver p. 24), os ancestrais mais próximos dos seres humanos eram pequenos animais frágeis parecidos com esquilos que escapuliam nervosamente entre ramos de árvores. Não há sinal de genialidade latente ou incipiente dominação da Terra.

Os primeiros primatas

Um fóssil intrigante foi identificado em 1965 como "o primata mais antigo". O espécime foi chamado de *Purgatorius*, devido ao lugar onde foi encontrado, Purgatory Hill, em Montana, e o relatório causou sensação. Aqui estava o nosso antepassado distante, vivendo lado a lado com o *Tyrannosaurus rex* e espreitando, talvez intencionalmente, detrás de um tronco. Infelizmente, o relatório, mais tarde, foi contestado – o fóssil era apenas um dente isolado, mas a identidade do dente não estava em questão tanto quanto a idade das rochas em que fora encontrado. O dente estava em um canal que se formara na camada do Cretáceo Superior e no qual a camada do Paleoceno, sobreposta, penetrara; portanto, o fóssil era posterior aos dinossauros. Desde 1965, não foi relatado nenhum outro descobrimento convincente de um primata do Cretáceo, e a imagem de macacos e dinossauros convivendo não pode ser confirmada – embora evidências moleculares apontem claramente nessa direção. Abordaremos esse tema mais adiante.

Os primatas são uma das dezoito ordens de mamíferos placentários modernos, cujo nome vem do latim *primus*, "primeiro". Como primatas, foi nosso o privilégio de ser chamados membros da "primeira" ordem. Todos os primatas compartilham uma série de características que lhes dão agilidade nas árvores (articulação do ombro móvel, pés e mãos capazes de segurar, pontas de dedos sensíveis), um cérebro maior do que a média, boa visão binocular, e cuidados parentais avançados (um bebê de cada vez, tempo no útero, longo período de cuidados parentais, maturidade sexual tardia, vida longa).

O *Purgatorius* é um plesiadapiforme, um grupo de animais similares a esquilos que pode ter subido em árvores. Eles tinham cauda longa, mãos com capacidade para segurar, e se alimentavam de frutos e folhas.

Os plesiadapiformes viveram entre um conjunto diversificado de mamíferos raros nos 10 milhões de anos após a extinção K–T. Os mamíferos, é claro, tinham se originado muito antes, no Triássico Superior (ver p. 148), e se diversificaram consideravelmente durante o Jurássico e o Cretáceo, mas a maioria dos grupos se extinguiu durante o Mesozoico ou pouco depois. As três ordens modernas se originaram no Jurássico e no Cretáceo também – os monotremados, os marsupiais e os placentários.

Os monotremados hoje estão restritos à Austrália e à Nova Guiné, sendo representados pelo ornitorrinco e pelas equidnas. Esses mamíferos são os únicos que ainda botam ovos, como provavelmente fazia seu antepassado, o cinodonte. A ninhada eclode como minúsculos seres indefesos que se alimentam do leite da mãe até que sejam grandes o bastante para viver de forma independente.

Os marsupiais, como os cangurus modernos, os coalas e os vombates da Austrália, e os gambás das Américas, são reprodutores intermediários. Eles não põem ovos e produzem filhotes vivos, mas esses filhotes são pequenos e subdesenvolvidos e concluem a gestação na bolsa da mãe.

Os mamíferos placentários são o mais diverso dos três grupos existentes. Eles produzem filhotes que são retidos no útero da mãe muito mais do que no caso dos marsupiais, e se alimentam por meio do sangue que passa através da placenta. Os mamíferos placentários são notáveis por sua diversidade de tamanhos, dos minúsculos musaranhos e morcegos que pesam algumas gramas passando pelo elefante africano, com peso de até 5 toneladas, até a baleia azul, pesando talvez 100 toneladas (embora ninguém jamais tenha pesado uma grande baleia nem saiba exatamente como isso poderia ser feito). Sua variação ecológica e geográfica é muito diversa, de roedores do deserto a ursos polares, de morcegos a baleias.

Mamíferos, morfologia e moléculas

Os especialistas em mamíferos lutaram durante dois séculos ou mais para compreender as relações dos principais grupos de placentários existentes – os bovinos têm relação com os cavalos, os morcegos com os macacos, as baleias com as focas? Alguns indícios morfológicos mostram, por exemplo, que os coelhos e os roedores são os parentes mais próximos, os elefantes estão estritamente relacionados com o enigmático damão africano e os sirênios aquáticos, mas muitas outras supostas relações eram um tanto controversas. Ironicamente, quanto mais esforço os paleontólogos dedicavam à questão, menos certas eram suas conclusões.

Os métodos de reconstrução filogenética molecular parecem fazer um corte transversal no complicado problema. A história começou em 1997, quando Mark Springer e seus colegas da Universidade da Califórnia em Riverside descobriram o Afrotheria, um *clado* (clado é um grupo em uma árvore evolutiva que se originou de um ancestral e inclui todos os descendentes desse ancestral) composto de animais africanos, e que vinculava os elefantes (Proboscidea), híraces e sirênios aos aardvarks (Tubulidentata), tenrecídeos e toupeiras-douradas. Os três últimos grupos tinham sido atribuídos a várias classificações de mamíferos, mas seus genes revelam que compartilhavam um ancestral comum com os três primeiros.

Depois de 1997, tudo parecia se encaixar. Os placentários da América do Sul, os edentados, formavam um segundo grupo principal, o Xenarthra. E as ordens restantes de mamíferos formaram um terceiro grande clado, o Boreoeutheria ("mamíferos do norte"), divididos em Laurasiatheria (insetívoros, morcegos, artiodáctilos, baleias, perissodáctilos, carnívoros) e Euarchontoglires (primatas, roedores, coelhos). Assim, no decurso de dois ou três anos, várias equipes independentes de biólogos moleculares resolveram um dos principais enigmas na árvore da vida.

Mas por que este se revelou tamanho quebra-cabeça filogenético? Alguns sugerem que as grandes divisões entre os mamíferos placentários aconteceram muito rapidamente, e não houve tempo para as características morfológicas compartilhadas se tornarem definitivas. Mas os morfologistas são acionados para localizar tais características: se o Afrotheria realmente é um clado, então deve haver alguma característica anatômica obscura compartilhada entre todos eles! As primeiras sugestões foram a tromba preênsil (elefantes, tenrecs) ou a retenção dos testículos dentro da cavidade abdominal. Mas nenhum deles realmente se aplica a todos os afrotérios. Em 2007, uma possível característica morfológica compartilhada foi finalmente identificada: todos os afrotérios têm vértebras adicionais na parte inferior das costas.

Outro elemento de debate foi a datação de todas essas divisões. As análises moleculares iniciais, por volta de 1995, forneceram datas entre 120 e 100 milhões de anos para as divergências profundas de mamíferos placentários, bem no começo do Cretáceo. Embora se conheçam mamíferos placentários dessa época, dentre os quais o incrivelmente pequeno *Eomaia,* da China, essas formas fósseis primitivas não pertencem a nenhuma das ordens ou superordens modernas. As datas moleculares foram um desafio para os paleontólogos, porque os fósseis mais antigos pertencentes às ordens de placentários modernos são posteriores à extinção em massa K–T; é o caso dos plesiadapiformes, como o *Purgatorius.*

Muitos paleontólogos, inclusive eu, argumentam que as datas moleculares para as origens dos mamíferos placentários devem ser muito antigas, e talvez por razões similares exista uma diferença como a que acontecia nas datas iniciais para a diversificação dos metazoários no Pré-Cambriano (ver p. 76-77). De fato, algumas das datas foram revistas e postergadas, mas só para a faixa entre 100 e 90 milhões de anos. Certo conforto veio dos Zalambdalestes e Zhelestida, fósseis do Cretáceo Médio, uns 90 milhões de anos atrás, encontrados no Uzbequistão. Esses fósseis foram situados em posições basais entre os boreoeutérios, e assim pareciam preencher lacunas importantes nos registros fósseis.

A paz parecia estar prestes a reinar, mas uma bomba eclodiu em 2007. Em um exame exaustivo dos Zalambdalestes e Zhelestida, bem como de outros fósseis de placentários do Cretáceo, John Wible e outros pesquisadores do Museu Carnegie, em Pittsburgh, mostraram que todos eles estavam fora do clado de placentários modernos. Assim, a lacuna reapareceu: os dados moleculares indicam claramente que houve evolução considerável dos placentários durante o Cretáceo Superior, e que eles se dividiram em sua origem, formando os clados sul-americano, africano e nórdico, e subsequentemente as grandes ordens, inclusive a dos primatas. Os fósseis mais antigos pertencem, sem sombra de dúvida, ao Paleoceno e ao Eoceno, de modo que há uma diferença de 25 a 30 milhões de anos, durante os quais os fósseis parecem estar ausentes.

É fácil, para os adeptos das datas moleculares antigas, dizer que o registro fóssil do Cretáceo Superior é deficiente. É verdade que os fósseis de mamíferos são raros, mas o ponto é que várias dezenas de espécies de mamíferos do Cretáceo Superior foram encontradas em diversos sítios em todo o mundo e, ainda assim, apesar dos esforços colossais para atribuí-los a ordens e superordens modernas, tal classificação foi rejeitada por Wible e seus colegas. Se fósseis de placentários primitivos continuam sendo encontrados – e são, por vezes, bastante completos –, onde estão as formas modernas que faltam? É provável que esse debate continue dando o que falar por algum tempo.

Os macacos-coelhos

Uma das surpresas da filogenia molecular foi que os primatas estavam ligados aos roedores e aos coelhos. Os estudos moleculares confirmaram que os primatas são membros do Archonta, o clado que inclui também o Scandentia e o Dermoptera. Os escandêncios são os musaranhos, uma pequena ordem de umas dezenove espécies de trepadores de árvores do sudeste da Ásia. Os Dermoptera, ou esquilos-voadores, são apenas duas espécies, sendo que ambos têm uma membrana de pele entre as patas traseiras e dianteiras, de cada lado do corpo, e podem planar de árvore em árvore. As três ordens pertencentes aos Archonta têm algumas características comuns, como a região da orelha, no crânio, bem como "um pênis pendular suspenso por uma bainha reduzida entre a bolsa genital e o abdômen".

Outro clado que foi reconhecido há muito tempo pelos morfologistas é o Glires, composto por roedores e coelhos. A ordem Rodentia é de longe a maior ordem dos placentários, que compreende 2 mil espécies – cerca de 40% de todos os mamíferos. Os roedores são absurdamente adaptáveis, e ratos e camundongos demonstraram ter sucesso em ambientes humanos. O grupo inclui também os preás da

América do Sul, alguns deles bastante grandes, assim como os esquilos, castores e porcos-espinhos. Coelho e lebre, a ordem dos lagomorfos, partilham com os roedores os dentes incisivos em constante crescimento, um fator chave no sucesso de ambos os grupos.

As evidências moleculares confirmaram a realidade dos clados Archonta e Glires, e que ambos eram parentes próximos de um amplo clado, denominado, com grande inventividade, mas sem consideração à nossa dentadura, Euarchontoglires. Os Euarchontoglires são uma das principais subdivisões da superordem nórdica dos mamíferos, os Boreoeutheria, e por isso devemos olhar para o hemisfério Norte em busca da origem desses grupos. Na verdade, o mais antigo fóssil de primatas e roedores, por exemplo, vêm do Paleoceno da América do Norte e da Europa.

Os primitivos primatas

Os primatas existentes são, às vezes, divididos em prossímios, macacos e hominoides. Estes são termos bastante convenientes, embora os "prossímios" incluam uma espécie de colcha de retalhos de tipos que não são nem macacos nem símios, como os lêmures, os lóris e os társios.

Há mais de cinquenta espécies vivas de lêmures, que incluem os lêmures, os indris e os ayes-ayes, restritos à ilha de Madagascar. Os lêmures têm cauda longa e grossa, muitas vezes listrada em preto e branco; são noturnos e se alimentam de insetos, pequenos vertebrados e frutas. Os indris incluem o lêmur *Avahi*, que é noturno e vive em árvores, enquanto o indri e o sifaka são animais diurnos, que vivem em tropas no solo, e em raras ocasiões andam em duas patas, pulando no chão. O aye-aye (*Daubentonia*) é um animal do tamanho de um gato, de hábito noturno, que procura insetos na casca das árvores com seus dedos finos e longos.

São parentes próximos os lorisiformes, 32 espécies de lóris e galagos, encontrados na África e no sul da Ásia. Até recentemente, lêmures fossilizados só haviam sido encontrados em Madagascar, mas um possível parente, mais primitivo, foi encontrado recentemente no Paquistão, e o mais antigo fóssil de lóris data do Eoceno e foi identificado no Egito.

Os társios, duas espécies das Filipinas e das ilhas da Indonésia, são animais minúsculos, com enormes olhos esbugalhados, que vivem escondidos nas árvores e se alimentam de insetos, cobras e pássaros. Vários ancestrais dos társios, bem como dos Omomyidae e dos Adapidae – totalmente extintos –, foram animais significativos que viviam nas árvores do Eoceno na América do Norte e na Europa, mas também, mais tarde, na África e na Ásia. Que outros mamíferos viveram naquela época?

Cavalos diminutos e rinocerontes gigantes

A maioria das pessoas tem imagens da evolução dos cavalos e de alguns dos outros grupos de mamíferos familiares. Os primeiros 10 milhões de anos da Era Cenozoica presenciaram uma boa dose de experimentação entre os mamíferos. As dezoito ordens modernas se diversificaram, além de vários grupos já extintos. Parece que houve, portanto, uma espécie de triagem das principais linhagens de mamíferos no Eoceno, que se estendeu durante o período entre 56 e 34 milhões de anos atrás.

Os cavalos do Eoceno, tais como o *Hyracotherium*, eram realmente pequenos, não maiores do que um terrier. O *Hyracotherium* era um discreto morador da floresta, adaptado para escapar rapidamente pelas florestas tropicais da Europa e da América do Norte, alimentando-se das folhas suculentas das árvores. Os ancestrais dos bovinos e de carnívoros como leões e ursos também foram pequenos moradores da floresta.

Então, uma grande mudança no habitat aconteceu durante o Oligoceno, cerca de 34 a 23 milhões de anos atrás. Os climas foram lentamente se tornando mais frios desde o final do Mesozoico, e isso afetou o clima nos centros dos continentes, que se tornou árido. A falta de umidade fez as suntuosas florestas murcharem, e as pradarias se espalharam mais e mais. As gramíneas tinham se originado no Cretáceo, mas não se tornaram um grupo dominante nos ecossistemas do mundo até o Oligoceno. Os mamíferos silvestres, furtivos e camuflados, foram espremidos em áreas cada vez menores, e muitos deles se extinguiram. Outros se aventuraram pelas novas savanas e embarcaram em um novo curso evolutivo.

Os herbívoros, tais como os ancestrais das vacas e dos cavalos, evoluíram para ser maiores. Eles tinham quatro ou cinco dedos em cada pata, que se reduziram a três, e depois a dois em bovinos e a um em equinos. A redução do dedo era parte de um processo de alongamento e adaptação da pata para ganhar velocidade na corrida. Na planície, a camuflagem já não era um meio útil para escapar de predadores, mas a altura e a velocidade eram vantajosas. Assim como o porte, os dentes também mudaram. As folhas são relativamente suaves, mas a grama é dura porque contém pequenos grãos de sílica. Cavalos e bovinos desenvolveram dentes com raízes mais profundas, em constante crescimento, com sulcos complexos de esmalte e dentina para ajudar a moer os alimentos.

Alguns herbívoros se tornaram enormes. Entre os afrotheres, os elefantes na África eram do tamanho de porcos ou pequenos hipopótamos e evoluíram para sua dimensão moderna, e suas trombas foram se esticando para que pudessem continuar alcançando o chão. Os rinocerontes, parentes dos cavalos, evoluíram para diversas formas, de tamanhos médios a muito grandes. O maior de todos, o *Indricotherium*, tinha 5 metros de altura, e parecia um cruzamento entre um búfalo e uma girafa.

Conforme suas presas aumentavam de tamanho e velocidade, os predadores também precisaram se adaptar. Os ursos permaneceram por muito tempo na floresta, e continuaram caçando criaturas ali, mas também diversificaram sua dieta para incluir frutas, mel e peixe. Os cães nunca se tornaram muito grandes, mas adotaram novas estruturas sociais, caçando presas muito maiores em alcateias, e contando com sua resistência e inteligência para fustigar as presas até a morte. Alguns felinos, tais como leões e tigres, tornaram-se grandes, e usaram sua dissimulação para poder se aproximar das presas sem ser vistos e sair em disparada no último minuto.

Outros grupos de mamíferos se adaptaram à sua própria maneira. Os morcegos e as baleias estavam comprometidos com a vida no ar e nos oceanos, respectivamente. No habitat noturno, os morcegos haviam encontrado uma nova série de nichos que as aves não ocupavam. As baleias, descendentes de criaturas terrestres, redescobriram o papel de predadores marinhos gigantes, desocupado desde que os plesiossauros e os mosassauros foram eliminados durante a extinção em massa do K–T. Os mamíferos da América do Sul e da Austrália evoluíram de forma diferente e independente dos do Velho Mundo: a Austrália se tornou uma terra de marsupiais, incluindo cangurus gigantes e vombates, e a América do Sul tinha seus próprios grupos originais que lembravam cavalos, vacas e rinocerontes.

A África permaneceu uma ilha durante a maior parte do Cenozoico, mas se formavam pontes terrestres na Península Arábica de tempos em tempos, de modo que os elefantes e os primatas conseguiram ir para a Ásia. Para essa terra de savanas em expansão e florestas em decadência vieram os primeiros macacos e símios.

Macacos

Após o Eoceno, os *Omomyidae* e *Adapidae* se extinguiram, e os prossímios modernos sobreviveram em certa obscuridade em Madagascar e no sudeste asiático. Mas um novo clado importante, o Anthropoidea, os macacos, surgiu e foi crescendo em importância. Os macacos diferem de seus precursores porque têm narinas arredondadas (em vez de estreitas e compridas), dentes caninos grandes, e pré-molares e molares – os dentes da bochecha – modificados para trituração de matéria vegetal.

A origem dos antropoides é muito discutida: a visão tradicional é que o clado se originou na África, enquanto uma nova proposta é que eles surgiram na Ásia. O antropoide africano mais antigo parece ser o *Algeripithecus* do Eoceno Médio da Argélia, com base em molares isolados. Elementos mais completos dos antropoides foram encontrados no Egito, pertencentes ao Eoceno Superior, e alguns deles apresentam um marcado dimorfismo sexual (diferenças físicas entre os sexos) em que os machos tinham o dobro do tamanho das fêmeas – como acontece em muitos macacos modernos. Isso sugere que já havia uma estrutura social acentuada, com os machos lutando entre si pelo controle de importantes haréns de fêmeas. Os primatas asiáticos incluem várias formas do Eoceno da China e da Tailândia: alguns podem não ser macacos, talvez Adapidae, mas outros parecem ser verdadeiros antropoides, e um estudo mais exaustivo ainda é necessário para estabelecer quais vieram primeiro, os macacos da África ou os da Ásia.

Hoje, os macacos são divididos em catarrinos, os macacos do Velho Mundo, e platirrinos, os macacos do Novo Mundo. Esses dois grupos parecem ter se dividido no Eoceno ou no Oligoceno, quando os primeiros platirrinos de alguma forma flutuaram ou nadaram da África para a América do Sul. Os dois grupos podem ser distinguidos pela forma de seu nariz: os catarrinos ("nariz estreito") tem o nariz estreito com as narinas abaixo, enquanto os platirrinos ("nariz largo") tem o nariz largo e narinas para frente. Os platirrinos também têm cauda preênsil, e se você vir um macaco pendurado pelo rabo, é da América do Sul.

Os macacos do Novo Mundo incluem capuchinhos, micos, saguis e macacos-aranhas. Os macacos do Velho Mundo são mais diversificados, dentre os quais estão o colobus, um macaco pequeno que vive nas árvores; macacos maiores que vivem no solo, como os babuínos e mandris, bem conhecidos da África; e também o macaco-de-Gibraltar. Esses habitantes do solo vivem em grandes manadas, os machos costumam ser muito maiores do que as fêmeas e sua cauda muitas vezes é reduzida ou inexistente. Não é surpresa, talvez, perceber que um grupo especializado de macacos do Velho Mundo se tornou hominoide.

Hominoides

Os hominoides surgiram dos macacos do Velho Mundo antes do final do Oligoceno, e o grupo se diversificou na África, durante o Mioceno. De fato, a África do Mioceno, de 23 a 5 milhões de anos atrás, é por vezes descrita como o continente dos hominoides. Uma forma primitiva típica é o *Proconsul*, que foi nomeado em 1933 com base em alguns maxilares e dentes do Quênia. O nome se refere a um chimpanzé chamado Consul, que então vivia no zoológico de Londres e divertia os visitantes andando de bicicleta e fumando cachimbo. Desde os anos 1930, grande parte do esqueleto de diversos espécimes do *Proconsul* foi encontrada, mostrando que esse primeiro hominoide tinha o corpo similar ao de um macaco e, provavelmente, corria por ramos de árvores e se alimentava de frutas.

O *Proconsul* era claramente um hominoide, e não um macaco, porque não tinha rabo, seu cérebro era relativamente grande, e tinha grandes dentes molares com um arranjo especial das coroas, assim como nos hominoides modernos, inclusive os humanos. A evolução dos primeiros hominoides aconteceu na África, mas houve várias migrações da África entre 25 e 10 milhões de anos atrás. Uma migração passou pelo Oriente Médio em direção à Europa, e os hominoides do Mioceno Superior habitaram da Hungria à Espanha. Outras migrações se dirigiram ao leste, rumo ao subcontinente indiano e ao sudeste da Ásia.

A diáspora asiática dos hominoides incluía os ancestrais dos gibões modernos e dos orangotangos, que se diferenciaram da linha dos hominoides africanos por volta de 25 e 20 milhões de anos atrás, respectivamente. Os gibões têm uma história fóssil obscura, mas eles se especializaram em *bracejar*, balançando-se pelas árvores de braço em braço. Os orangotangos também evoluíram no sudeste asiático e se especializaram na vida nas árvores. Os orangotangos evoluíram em várias formas fósseis chamadas coletivamente de ramamorfos. Os exemplos mais antigos vêm da África, mas ramamorfos posteriores, como o *Ramapithecus* e o *Sivapithecus*, aparecem na Turquia, no Paquistão, na Índia e na China. O *Sivapithecus* era bastante parecido com o orangotango moderno, com mandíbulas fortes e grandes molares e pré-molares cobertos com uma espessa camada de esmalte, o que sugere uma dieta de vegetação dura. O ramamorfo mais extraordinário foi o *Gigantopithecus*, que tinha dez vezes o tamanho do *Sivapithecus*, e os machos adultos podem ter atingido 2,5 metros de altura e 270 quilos. Esse enorme animal pavoneava pelas florestas do sudeste asiático de 5 milhões a 1 milhão de anos atrás, e muitos o consideram a fonte de inspiração das histórias do Abominável Homem do Gelo na Ásia Central e do Pé-Grande na América do Norte.

Os gorilas e os chimpanzés continuaram evoluindo na África. Embora ambos os grupos sejam capazes de andar pelo solo utilizando seu modo peculiar de locomoção, caminhando sobre os nós dos dedos, eles preferem permanecer nas profundezas das florestas, e se movem lentamente sobre as árvores, alimentando-se de frutos e de folhas. Sempre foi claro que os gorilas e os chimpanzés são os parentes mais próximos dos seres humanos, mas o registro fóssil não serve de prova. No entanto, como é bem conhecido, as evidências de DNA sugerem que os seres humanos compartilham a maior parte de seu genoma com os hominoides africanos, e nossa semelhança com os chimpanzés é maior. As melhores estimativas atuais de relógios moleculares e de fósseis mostram que os gorilas se dividiram primeiro, há cerca de 10 milhões de anos, e os ancestrais dos seres humanos e dos chimpanzés se separaram por volta de 6 a 8 milhões de anos atrás.

O que é um humano?

Os primeiros paleoantropólogos seguiram os compreensíveis preconceitos de seu tempo e presumiram que os primeiros seres humanos devem ter se distinguido de seus parentes hominoides por possuírem um cérebro grande. Havia lógica nisso: entre os seres humanos modernos, pode-se dizer que o cérebro grande é a característica que nos define. Enquanto o volume do cérebro do homem moderno tem entre 1.200 e 1.400 cm^3, os gorilas têm um cérebro de 500 cm^3, e os chimpanzés, parcos 350 cm^3.

O volume do cérebro dá uma medida aproximada de inteligência, mas apenas quando considerado proporcionalmente à massa corporal. (Note-se que a baleia-azul tem o maior volume de cérebro de todos, em torno de 9 mil cm^3, mas possivelmente relutaríamos em dizer que as baleias são oito vezes mais inteligentes do que os seres humanos.) O que importa é o *quociente de encefalização* (QE), a proporção entre o volume do cérebro e a massa corporal. O QE de uma baleia é 1,8, e é maior que o de um cavalo (QE = 0,9) ou de uma vaca (QE = 0,5). Os hominoides, é claro, têm quociente de encefalização bastante elevado, e os valores são, em ordem crescente: gorila (QE = 1,6), chimpanzé (QE = 2,3) e humanos (QE = 7,5).

A outra característica importante do ser humano é o bipedalismo, isto é, o hábito de caminhar sobre as pernas traseiras. Os dinossauros e as aves desenvolveram o bipedalismo de forma independente, e alguns lagartos, macacos e hominoides podem correr sobre seus membros posteriores por breves períodos. Entre os mamíferos em geral, e em particular os primatas, os seres humanos são os únicos bípedes consumados. Ficar em pé e caminhar totalmente eretos levou a muitas alterações profundas em nosso esqueleto: os pés ficaram planos e deixaram de ser capazes de agarrar as coisas, o tornozelo e o joelho se tornaram articulações bastante simples, como dobradiças, e a articulação do quadril se modificou enormemente para que o osso da coxa se encaixasse na cavidade do quadril, com uma cabeça proeminente. A bacia passou a ser como uma tigela para apoiar as entranhas, e a espinha dorsal é mantida mais ou menos verticalmente, e tem forma de S para acomodar as novas pressões exercidas pela gravidade. Os mamíferos quadrúpedes, incluindo os gorilas e os chimpanzés, têm uma pélvis longa e uma grande caixa torácica para conter as entranhas.

Todas as outras características peculiarmente humanas provêm dessas duas características. O grande cérebro permitiu ou habilitou a linguagem, os grupos sociais, o cuidado prolongado das crianças, a adaptabilidade a ambientes desafiadores e a tecnologia. O bipedalismo deixou livres as mãos para colher alimentos, fazer ferramentas e utensílios, rabiscar e escrever.

Parecia claro que os seres humanos adquiriram primeiro o cérebro grande e depois o bipedalismo. As primeiras descobertas de fósseis no século XIX, como o homem de Neandertal na Alemanha e o *Homo erectus* em Java, não ajudaram muito, já que os paleontólogos tinham dúvidas sobre sua idade relativa.

O apoio fundamental para a teoria do "cérebro em primeiro lugar" chegou em 1912, quando um crânio notável foi encontrado no sul da Inglaterra, na vila de Piltdown. Esse era um dos primeiros humanos com um cérebro grande. Quando as primeiras descobertas importantes na África foram relatadas em 1920, não se percebeu sua importância, e foi só quando se demonstrou que o homem de Piltdown era uma farsa, em 1950, que a verdadeira história veio à tona.

Os esqueletos dos primeiros hominídeos na África mostravam que o bipedalismo tinha surgido por volta de 4 a 6 milhões de anos atrás, e que o aumento no tamanho do cérebro aconteceu muito mais tarde, talvez 2 a 1 milhão de anos atrás. Pode ser que os primeiros seres humanos tenham sido forçados a se tornar bípedes conforme as florestas da África central diminuíam de tamanho e as pradarias se expandiam, entre 5 e 10 milhões de anos atrás. Os chimpanzés e gorilas modernos estão restritos às grandes florestas do Congo, no oeste, ao passo que os primeiros fósseis humanos foram encontrados em uma ampla região com forma de meia-lua no leste da África, que vai desde a África do Sul, passando por Quênia, Tanzânia e Etiópia, até Chade, no meio do deserto do Saara.

Sacré bleu! Les fossiles humains les plus vieux – ou non?

Até 2000, os fósseis humanos mais antigos haviam sido identificados em rochas datadas de 4 a 2 milhões anos. Então, em 2001 e 2002, duas equipes francesas rivais relataram fósseis de seres humanos muito mais velhos, cada um datado em 6 milhões de anos. Os dois se provaram polêmicos e houve muitas brigas e xingamentos sobre os respectivos achados.

O primeiro foi relatado por Brigitte Senut e sua equipe de Paris. Em 2001, eles identificaram um novo hominídeo, o *Orrorin tugenensis,* com base em dentes, fragmentos de mandíbulas e ossos de membros provenientes do Quênia. Senut e seus colegas afirmaram que os dentes eram bastante parecidos com os de hominoides, e que os ossos do braço sugerem que o *Orrorin* poderia se pendurar nas árvores como um macaco. No entanto, o fêmur mostrou que o *Orrorin* ficava em pé e, sendo assim, este era um verdadeiro humano primitivo.

A segunda descoberta foi realizada por Michel Brunet e sua equipe de Poitiers, que identificaram o *Sahelanthropus* no Chade em 2002. O *Sahelanthropus* tinha como provas um crânio bastante completo, alguns ossos maxilares menores fragmentados e os dentes. O crânio do *Sahelanthropus* indica um volume cerebral de 320-80 cm^3, similar ao de um chimpanzé moderno, mas os dentes são mais parecidos com os de humanos, com pequenos caninos. A posição do forame magno, o buraco pelo qual a medula espinhal sai do cérebro, é controversa: Brunet afirma que ele está localizado abaixo do crânio, o que indicaria que o *Sahelanthropus* ficava em pé.

Os australopitecos

O mais antigo esqueleto substancial de hominídeo, o *Praeanthropus afarensis*, provém de rochas datadas em cerca de 3,2 milhões de anos, e apresenta claros indícios anatômicos para o bipedalismo avançado, mas ainda um cérebro do tamanho do de um macaco. O esqueleto de um famoso *P. afarensis* fêmea da Etiópia, descoberto nos anos 1970 por Don Johanson, que lhe deu o nome de Lucy, tem a pélvis e os membros posteriores quase como os do homem moderno. A bacia é curta e horizontal, em vez de longa e vertical como nos outros hominoides; o fêmur desce em direção ao joelho e os dedos já não podem ser usados para agarrar. O cérebro de Lucy, porém, é pequeno, apenas 415 cm^3 para uma altura de 1 a 1,2 metro, e isso leva a um quociente de encefalização não muito diferente do de um chimpanzé.

O gênero humano *Australopithecus* continuou evoluindo na África, de cerca de 3 milhões a 1,4 milhão de anos atrás, dando origem a novas espécies de pequeno porte – incluindo o *A. africanus*, a espécie encontrada pela primeira vez em 1924 por Raymond Dart. Esses australopitecos mostram avanços com relação ao *Praeanthropus afarensis* no achatamento do rosto e nos dentes caninos pequenos. Mostram também algumas especializações que os situam foram da linhagem do homem moderno. Por exemplo, os molares e pré-molares são maiores do que no *A. africanus* ou nos seres humanos modernos, e estão cobertos com camadas espessas de esmalte, adaptados a uma dieta de alimentos vegetais duros.

O australopiteco robusto, algumas vezes chamado *Paranthropus*, chegou a ter uma altura de 1,75 metro, mas seu cérebro não superou os 550 cm^3, ainda uma medida mais parecida com as dos hominoides não humanos. Tinha o rosto largo, enormes dentes molares e uma crista sagital pesada sobre o topo do crânio, uma característica também observada em grandes gorilas machos. Todas essas são adaptações para mastigar com força alimentos vegetais resistentes. Até mesmo a crista sagital corrobora esta interpretação, uma vez que marca o limite superior dos músculos da mandíbula que eram muito maiores do que no *A. africanus* ou no *Homo*. Os australopitecos robustos podem ter se alimentado de raízes e tubérculos resistentes, ao passo que o esbelto *A. africanus* talvez fosse especializado em frutos vermelhos e folhas nas áreas arborizadas.

Os primeiros membros de nosso gênero, *Homo*, apareceram na África nessa época, e por isso temos o conceito extraordinário de várias espécies humanas vivendo lado a lado. Todos os humanos modernos, *Homo sapiens*, são uma única espécie – não por razões politicamente corretas, mas com base em indícios biológicos. Em geral, os membros de uma espécie parecem todos muito semelhantes, mas algumas espécies de mamíferos mostram uma considerável variação na forma. O principal teste da singularidade das espécies é que os membros de uma espécie podem se cruzar e produzir descendentes, o chamado *conceito biológico de espécie*. É por isso que sabemos que todos os cães domésticos, ainda que sejam tão diferentes quanto um chihuahua de um dogue alemão, são membros de uma única espécie. Da mesma forma, todos os seres humanos modernos podem procriar e gerar filhos perfeitamente saudáveis.

Os seres humanos modernos, o gênero Homo

O salto para o tamanho do cérebro humano moderno só veio com a origem de um novo gênero humano, o *Homo*. A primeira espécie, o *Homo habilis*, viveu na África entre 2,4 milhões a 1,5 milhão de anos atrás e tinha um volume cerebral de 630 a 700 cm^3 em um corpo de apenas 1,3 metro de altura. O *H. habilis* pode ter usado ferramentas. Os primeiros fósseis de *H. habilis* foram encontrados em 1960 pelo famoso paleoantropólogo Louis Leakey. Sua esposa, Mary Leakey, encontrara rastros humanos em cinzas vulcânicas, bem como numerosos outros fósseis da África. Seu filho, Richard Leakey, descobriu o esqueleto mais completo de forma semelhante nas margens do lago Rudolph (hoje, lago

Turkana), e estes foram nomeados *H. rudolfensis*, uma espécie estritamente relacionada com o *H. habilis*.

Até agora, a evolução humana só estava acontecendo na África. Mas a espécie seguinte, o *Homo erectus*, escapou desse continente. Os exemplos mais antigos são realmente da África, encontrados em rochas datadas em cerca de 1,9 milhão de anos atrás, e datas semelhantes foram sugeridas para as amostras de *H. erectus* da Geórgia e da China. O *H. erectus* tinha um cérebro de 830 a 1.100 cm^3 em um corpo de até 1,6 metro de altura.

Um dos sítios mais ricos de *H. erectus* é a caverna de Zhoukoudian, perto de Pequim, na China. É a fonte de mais de quarenta indivíduos do "Homem de Pequim". Eles foram encontrados em depósitos que têm entre 600 e 200 mil anos, associados com indícios de domínio do fogo, utilização de uma base semipermanente, e algum tipo de vida tribal. Outros sítios de *Homo erectus* em outros países mostram que esses povos fabricavam ferramentas avançadas e armas, e que coletavam e caçavam de forma cooperativa. O *H. erectus* da África talvez fabricasse ferramentas acheulenses, que mostram um controle significativo em sua execução, com arestas de corte contínuo em todo o contorno.

O homem verdadeiramente moderno, o *Homo sapiens*, pode ter surgido há 400 mil anos, e com certeza há 150 mil anos, na África, tendo evoluído do *H. erectus*. Parece que todos os seres humanos modernos surgiram a partir de um único ancestral africano, e que o *H. erectus* se extinguiu na Ásia e na Europa. O *H. sapiens* se espalhou para o Oriente Médio e a Europa há cerca de 90 mil anos.

A história europeia é particularmente bem conhecida, e inclui uma fase, de 90 mil a 30 mil anos atrás, quando o homem de Neandertal ocupou a maior parte do continente, da Rússia à Espanha e da Turquia ao sul da Inglaterra. Os neandertais tinham cérebro grande (em média, 1.400 cm^3), toro supraorbital proeminente, e corpo forte e troncudo. Eles eram uma raça de *H. sapiens* adaptada para viver no frio glacial contínuo da última Era do Gelo e tinham uma cultura avançada, que incluía caça comunitária, preparação e uso de roupas costuradas de pele de animal e crenças religiosas. Alguns paleoantropólogos consideram os neandertais tão distintos que poderiam ser classificados em outra espécie, o *H. neanderthalensis*.

Os neandertais desapareceram quando o gelo se retraiu para o norte, e mais seres humanos modernos adentraram a Europa, provenientes do Oriente Médio. Essa nova onda de colonização coincidiu com a propagação do *Homo sapiens* pelo resto do mundo, cruzando da Ásia à Austrália há mais de 40 mil anos, e teriam chegado às Américas 11,5 mil anos atrás (se não antes), atravessando da Sibéria ao Alasca. Esses seres humanos totalmente modernos, com tamanho do cérebro em torno de 1.360 cm^3, trouxeram ferramentas mais refinadas que as dos neandertais, a arte na forma de pinturas rupestres e esculturas, e a religião. O modo de vida nômade começou a dar lugar a assentamentos e à agricultura há cerca de 10 mil anos.

...e agora

A história da vida não acabou. Nós a estamos observando de uma perspectiva específica, e a história seria outra se este livro tivesse sido escrito por um plesiadapiforme ou por um dinossauro. É difícil evitar a forma narrativa clássica em um relato como este. Os primeiros contadores de histórias imaginavam que se deve ter um herói, que sai em uma missão, enfrenta incontáveis desafios e finalmente consegue alcançar seu objetivo. Talvez os livros sobre a história da vida se assemelhem a esse tipo de narrativa, com uma série de organismos cada vez mais complexos que emergem do lodo primitivo, livrando-se dos concorrentes *pelo caminho* e conquistando o ambiente para surgir triunfantes e no controle da Terra.

O registro da evolução humana parece mostrar um ritmo acelerado de mudança. As principais inovações ocorreram em sucessão: o bipedalismo (10-5 milhões de anos), o cérebro maior (3-2 milhões de anos), as ferramentas de pedra (2,5 milhões de anos), a ampla distribuição geográfica (2-1,5 milhões de anos), o fogo (1,5 milhão de anos), a arte (35 mil anos), a agricultura e o início do aumento da população mundial (10 mil anos). A taxa de crescimento populacional foi de cerca de 0,1% ao ano naquela época, subindo para 0,3% ao ano no século XVIII e cerca de 2% ao ano hoje. Em outras palavras, a população global total humana irá mais que duplicar ao longo da vida de qualquer indivíduo nascido hoje. Ao menos em termos numéricos, o *Homo sapiens* tem sido um grande sucesso.

A prova de que a história da vida não é uma narrativa clássica de ficção, no entanto, é tripla.

Em primeiro lugar, *a evolução não é teleológica*. É uma falácia comparar a evolução da vida com uma jornada. Os seres humanos planejam suas viagens e têm um objetivo em mente. A evolução não pode funcionar dessa maneira. A evolução trabalha para o momento, selecionando sem misericórdia o irmão que sobrevive e o que é jogado do ninho. Os critérios pormenorizados, que atuaram em favor de determinado irmão no ano passado podem atuar contra ele agora. Uma mudança nos padrões aluviais, a morte de uma árvore em particular, uma visita casual de uma serpente ao ninho ou um vírus novo podem mudar tudo. Então, pode ser completamente diferente no ano seguinte. A seleção natural e a aptidão são relativas, não absolutas.

Em segundo lugar, *a evolução não parou.* A evolução continua hoje como sempre; espécies surgem e espécies se extinguem. Os seres humanos estão afetando a Terra e o resto da vida de uma forma mais profunda do que qualquer outra espécie anterior. Não há evidências de que, quando o *Homo sapiens* se extinguir, tudo irá desmoronar; provavelmente, muito pelo contrário.

Terceiro, *as baratas são o ápice da evolução* – para outras baratas. Podemos gostar de considerar os seres humanos a espécie mais bem-sucedida na Terra, porque ocupamos tanto da superfície do planeta e controlamos tantos milhões de quilômetros quadrados de áreas agrícolas. Mas há provavelmente mais baratas que humanos. E, indo mais longe, há certamente mais bactérias e outros micróbios que humanos. Podemos nos definir como a espécie mais bem-sucedida na Terra pela escolha criteriosa dos termos em que essa decisão é tomada. Sem dúvida, uma barata sábia escreveria um livro diferente.

ÍNDICE REMISSIVO

A

Altman, Sidney 33
anfíbios 88, 95, 108-110, 121, 123, 132, 135, 141
Archaea 42, 46, 48, 49
arcossauros 121, 143, 146, 149
argumento filogenético 52
artrópodes 62, 65, 67-69, 74, 75, 79, 84-88, 92, 93, 95, 103, 104, 115
árvore da vida 16, 18, 20, 52, 163
australopitecos 176, 177

B

bacia do Karoo 127
bactérias 10, 36-38, 42, 44, 69, 84, 103, 118, 181
Bambach, Dick 113
Bangiomorpha (alga vermelha) 53-55, 187
Becquerel, Henri 26
biologia molecular 14, 15
bipedalismo 173, 174, 176, 180
Brocks, Jochen 44
Brunet, Michel 175
Buick, Roger 30
Butterfield, Nick 51-53, 187

C

calotas de gelo 100
Canadá 10, 29, 37, 38, 53, 69, 72, 86, 89, 187
carbono 27, 28, 29, 30, 47, 49, 56, 82, 101-104, 110, 128-132
Carniano, crise do 145
Carson, Rachel 78
carvão 9, 95, 97, 101, 104, 105, 106
Catling, David 47
caverna de Zhoukoudian, China 178
Cech, Thomas 33, 34
China 2, 11, 12, 14, 64, 68, 70, 79, 80, 117, 121, 123, 126, 151, 164, 170, 172, 178, 187
"cinco grandes" extinções em massa 5, 111-113, 115, 119, 120, 124, 129, 130, 132-134, 136, 137, 141, 143, 157, 164, 169
cianobactérias (algas azuis) 30, 36, 37, 42, 44, 46-48, 79
cinco dígitos, importância dos 91
cinodontes 142, 143, 148, 149
Clack, Jenny 90, 91, 92
cladística 17, 19, 20

clima 128, 168
Coates, Mike 90-92, 188
continentes 94, 97, 98, 108, 120, 135, 168
coral 51, 68, 88
cordados 68, 70-72, 75, 77
Crick, Francis 15, 33, 34
crocodilianos 121, 143, 148, 158, 160

D

Dart, Raymond 176
Darwin, Charles 12, 14, 23, 59, 60
deriva continental 100, 119
dinossauros 7, 8, 10, 11, 14, 18, 25, 105, 110, 121, 133, 134, 136, 141, 143-147, 149-153, 155, 157-161, 173
DNA (ácido desoxirribonucleico) 15, 16, 32, 33, 42, 46, 51, 52, 75, 172
Doushantuo, China 79, 80

E

ecossistemas modernos, origens dos 5, 133-135
Edwards, Dianne 83
equinodermos 62, 65-68, 72, 75, 77, 97, 114, 136, 141, 154
Era Mesozoica 133, 134, 138, 157
erosão do solo e leques aluviais 127
escleritos 64-67

espécies da catástrofe 125
esqueleto, origens do 59-77
estromatólitos 36-38
eucariontes 41-46, 48-52, 187
evento do final do Permiano 112-127
Explosão Cambriana 58-60, 64, 65, 67, 68, 72-75, 77
explosão terrestre do Cretáceo 155
extinção 5, 59, 111-113, 115, 116, 119, 120, 124-126, 129, 130, 132-134, 136, 137, 141-143, 146, 153, 160, 161, 164, 188
extinção K-T (Cretáceo-Terciário) 157, 158, 169
extinções em massa 112, 113, 133, 157

F

falésias de Joggins, Canadá 109
fauna de Chengjiang, China 68
fauna tomotiana 63, 64, 65
fauna Vyatskian, Rússia 121
folhelho Burgess, Canadá 10, 11, 14, 66, 69, 72, 74
fósseis 7-11, 13, 14, 16, 17, 20, 23, 36, 37, 41, 48, 49, 53, 55, 57, 59, 60, 63-65, 67,-70, 72, 73, 75-80, 84, 86-89, 94, 95, 102, 104, 109, 118, 124, 132, 134, 136, 137, 148, 149, 151,

153, 157, 164, 165, 172, 174, 175, 177, 187
fósseis de Ediacara 57
fósseis de Rhynie 84
fósseis Grypania 48, 49
Fox, Sidney 32
fungos 42, 43, 58, 79, 80, 84, 128

G

genes 15, 17, 20, 33, 41, 76, 91, 112, 163
Gilbert, Walter 33
Gonduana 100, 119
Gould, Stephen 59, 74

H

Haldane, John Burdon S. 31, 32, 34
Hallam, Tony 117, 118
Hennig, Willi 17-19
Hoffman, Paul 56, 187
Holmes, Arthur 26, 27
hominoides 166, 171-173, 175, 176
Homo 25, 174, 177-180
Huxley, Thomas Henry 49
Hylonomus 109, 110, 111

I

idade da Terra 23, 27
insetos 14, 22, 25, 59, 62, 67, 69, 78, 79, 85, 87, 88, 97, 98, 103, 107-109, 111, 123, 141, 148, 156, 157, 158, 166, 167
isótopos 29, 102, 128, 129

J

Johanson, Don 176
Johnson, Eric 134

K

Kirschvink 56

L

lagartos 17, 18, 41, 110, 138, 148, 155, 156, 158, 173
Laurásia 119
Leakey, Louis, Mary e Richard 177
lêmures 166, 167
leques aluviais 127
liquens 79
"Lucy" 176
Lyell, Charles 108, 109
Lystrosaurus 123, 124, 135, 144

M

macacos 15, 16, 161, 162, 165, 166, 169, 170, 171, 173
macacos-coelhos 165
MacNaughton, Robert 86
mamíferos 11, 14, 16, 25, 88, 109-112, 141-143, 148, 149, 156, 158, 160-169, 173, 174, 177
mamíferos placentários 161, 162, 163, 164
mar, vida no 97, 111, 114, 133, 138

Margulis, Lynn 44
marsupiais 161, 162, 169
Maynard Smith, John 40, 41
Meishan, China 117-119, 124, 126
microfósseis 36-38, 80
Miller, Stanley 31, 32, 34
mitocôndrias 42, 45, 46
modelo Oparin-Haldane 29-33
Mojzsis, Stephen 29, 30
moléculas 15, 20, 31, 32, 34, 44, 48, 162
morfologia 162
mudança climática 112, 128, 135

N

neandertais 178, 179
Nisbet, Euan 32, 37

O

origem da vida 5, 22, 23, 30, 31, 32, 37, 78, 159
ovos 95, 108, 110, 118, 150, 161, 162
oxigênio 11, 12, 15, 27, 28, 30, 38, 46-48, 55, 58, 73, 81, 94, 101-104, 106, 110, 111, 118, 128, 131

P

Pangeia 119, 135
Pasteur, Louis 22, 23
Pauling, Linus 15

peixes 7, 9, 11, 14, 22, 61, 68, 77, 88, 89, 92-95, 97, 107, 108, 113, 115, 116, 123, 124, 136-138, 140, 141, 144, 149, 154, 155
período Carbonífero 95, 98
Peterson, Kevin 76
plantas 7-11, 25, 30, 41-43, 45, 49, 52, 55, 78-88, 93, 97, 98, 102, 104-106, 114, 128, 129, 131-133, 141, 145, 147, 150, 153, 156-158
pluricelularidade 49, 50, 51, 52, 55
predação 148, 153, 154
preservação excepcional 10, 14
primatas 160, 161, 163-166, 169, 170, 173
primeiros fósseis 36, 48, 65, 76, 84, 175, 177
procariontes 42, 44, 45, 46, 47, 48, 49, 51
província de Liaoning, China 11, 12, 187

R

radioatividade e radiação 26
Raup, David 112, 124
recuperação 132, 133
relógio molecular 15, 16, 76, 77
répteis 25, 88, 95, 108-110, 113, 121, 123, 124, 134-136, 138, 140-143, 145, 148, 149, 154, 155, 158

Rice, Clive 84
rios e erosão impactante 84, 105, 106, 108, 125, 127, 141
RNA (ácido ribonucleico) 32-35, 75, 187
roedores 20, 162, 163, 165, 166
Romer, Alfred Sherwood 93
Rutherford, Ernest 26, 27

S

Sarich, Vincent 15
Seilacher, Dolf 58, 59
Selden, Paul 86, 87
Senut, Brigitte 175
sexo, origem do 5, 38, 40, 52
sílex de Gunflint, Canadá 37, 38
Sleep, Norman 32, 37
Smith, Roger 40, 41, 127
Soddy, Frederick 26
Sol, formação do 27, 99, 158
Sprigg, Reginald 57
Springer, Mark 162

T

teoria bioquímica 30-32
teoria da endossimbiose 44-46
terópodes 146, 150, 151
Terra 7, 10, 13, 23, 26-32, 36, 38, 44, 46, 48, 55-58, 79, 99, 101, 102, 108, 111, 112, 128, 130, 133, 157-160, 179, 180, 181
Terra bola de neve 55, 56
Terra, vida na 7, 48, 111
terrestre, origem da vida 78
tetrápodes 88, 89, 91-95, 97, 106-110, 121, 123, 132, 135, 155
Thomson, William (Lord Kelvin) 23
Traps Siberianos, grandes erupções vulcânicas nos 120, 125, 129, 131, 132
Trewin, Nigel 84
trilobitas 7, 9, 10, 11, 14, 62, 65, 67-69, 73, 77, 113, 124
tubarões 15, 61, 97, 115, 116, 137, 155
Tverdokhlebov, Valentin 127
Twitchett, Richard 119, 129, 137

U

Urais do Sul, Rússia 121, 122
Urey, Stanley 31

V

Van Valen, Leigh 133
vermes 10, 11, 13, 14, 58, 62, 65, 68, 75, 78, 88, 108, 114, 141, 148
volume do cérebro 173

W

Ward, Peter 127
Watson, James 15
Wellman, Charlie 81
Wible, John 164, 165
Wignall, Paul 117-119, 129
Wills, Matthew 74

Wilson, Allan 15
Woese, Carl 42
Wray, Greg 75, 76

Z

zepelins e faixa fantasma 13, 14
Zuckerkandl, Emil 15

Lista de ilustrações

1. Seleção de fósseis de um livro escolar de meados da Era Vitoriana (1860). Mansell/Time & Life Pictures / Getty Images / 9
2. Fóssil excepcionalmente bem preservado da província de Liaoning, China. Spencer Platt / Getty Images / 12
3. Linha do tempo geológica / 24, 25
4. Formação de uma protocélula de RNA. Reimpressão com permissão da Macmillan Publishers Ltd (*Nature* 2001) / 35
5a. Fósseis de estromatólitos na formação Stark, Mackenzie, Canadá. P. F. Hoffman (GSC) / 38
5b. Microfósseis filamentosos em um sulfeto maciço da Austrália, de 3.235 milhões de anos. Cortesia de Birger Rasmussen / 39
6. Árvore universal da vida. Professor Norman Pace / 43
7. Teoria endossimbiótica para a origem dos eucariontes. Inspirado em www.thebrain.mcgill.ca / 45
8. *Close* de filamentos de *Bangiomorpha*. Dr. Nick Butterfield / 54
9. A vida como deve ter sido no período ediacarano. Smithsonian Institution / 57
10. Fósseis do Cambriano Inferior. M. Alan Kazlev/Dorling Kindersley / 63
11. Cenário do Folhelho Burgess, Cambriano Médio. Christian Jegou Publiphoto Difusão / Science Photo Library / 66
12. *Cooksonia* / 83
13. O ecossistema de Rhynie. Simon Powell, Universidade de Bristol / 85
14. Reconstruções de *Ichthyostega* e *Acanthostega*. Mike Coates / 90
15. Margem de um rio do Carbonífero. Walter Myers / 98

16. Vida antes e depois da extinção em massa do final do Permiano. John Sibbick / 115
17. Vida terrestre no Permiano Superior, na região que hoje corresponde à Rússia. John Sibbick / 122
18. O padrão de extinção marinha durante a crise do final do Permiano. Da figura 1, Y. G. Jin et al., *Science* 289: 432-36 (21 de julho de 2000). Reimpresso com permissão da AAAS / 126
19. Répteis do Triássico. De Mike Benton, *Vertebrate Palaeontology* (3ª ed., Blackwell, Oxford, 2005) / 139
20. Dinossauros do Jurássico Superior, na América do Norte. Ernest Unterman / Dinosaur National Monument Museum, Utah / Bettmann / Corbis / 152

A editora e o autor pedem desculpas por quaisquer erros ou omissões na lista acima. Se contatados, eles terão prazer em retificar as informações na primeira oportunidade.

Coleção L&PM POCKET (LANÇAMENTOS MAIS RECENTES)

817. **Maigret e os crimes do cais** – Simenon
818. **Sinal vermelho** – Simenon
819. **Snoopy: Pausa para a soneca (9)** – Charles Schulz
820. **De pernas pro ar** – Eduardo Galeano
821. **Tragédias gregas** – Pascal Thiercy
822. **Existencialismo** – Jacques Colette
823. **Nietzsche** – Jean Granier
824. **Amar ou depender?** – Walter Riso
825. **Darmapada: A doutrina budista em versos**
826. **J'Accuse...! – a verdade em marcha** – Zola
827. **Os crimes ABC** – Agatha Christie
828. **Um gato entre os pombos** – Agatha Christie
829. **Maigret e o sumiço do sr. Charles** – Simenon
830. **Maigret e a morte do jogador** – Simenon
831. **Dicionário de teatro** – Luiz Paulo Vasconcellos
832. **Cartas extraviadas** – Martha Medeiros
833. **A longa viagem de prazer** – J. J. Morosoli
834. **Receitas fáceis** – J. A. Pinheiro Machado
835. (14).**Mais fatos & mitos** – Dr. Fernando Lucchese
836. (15).**Boa viagem!** – Dr. Fernando Lucchese
837. **Aline: Finalmente nua!!! (4)** – Adão Iturrusgarai
838. **Mônica tem uma novidade!** – Mauricio de Sousa
839. **Cebolinha em apuros!** – Mauricio de Sousa
840. **Sócios no crime** – Agatha Christie
841. **Bocas do tempo** – Eduardo Galeano
842. **Orgulho e preconceito** – Jane Austen
843. **Impressionismo** – Dominique Lobstein
844. **Escrita chinesa** – Viviane Alleton
845. **Paris: uma história** – Yvan Combeau
846. (15).**Van Gogh** – David Haziot
847. **Maigret e o corpo sem cabeça** – Simenon
848. **Portal do destino** – Agatha Christie
849. **O futuro de uma ilusão** – Freud
850. **O mal-estar na cultura** – Freud
851. **Maigret e o matador** – Simenon
852. **Maigret e o fantasma** – Simenon
853. **Um crime adormecido** – Agatha Christie
854. **Satori em Paris** – Jack Kerouac
855. **Medo e delírio em Las Vegas** – Hunter Thompson
856. **Um negócio fracassado e outros contos de humor** – Tchékhov
857. **Mônica está de férias!** – Mauricio de Sousa
858. **De quem é esse coelho?** – Mauricio de Sousa
859. **O burgomestre de Furnes** – Simenon
860. **O mistério Sittaford** – Agatha Christie
861. **Manhã transfigurada** – Luiz Antonio de Assis Brasil
862. **Alexandre, o Grande** – Pierre Briant
863. **Jesus** – Charles Perrot
864. **Islã** – Paul Balta
865. **Guerra da Secessão** – Farid Ameur
866. **Um rio que vem da Grécia** – Cláudio Moreno
867. **Maigret e os colegas americanos** – Simenon
868. **Assassinato na casa do pastor** – Agatha Christie
869. **Manual do líder** – Napoleão Bonaparte
870. (16).**Billie Holiday** – Sylvia Fol
871. **Bidu arrasando!** – Mauricio de Sousa
872. **Desventuras em família** – Mauricio de Sousa
873. **Liberty Bar** – Simenon
874. **E no final a morte** – Agatha Christie
875. **Guia prático do Português correto – vol. 4** – Cláudio Moreno
876. **Dilbert (6)** – Scott Adams
877. (17).**Leonardo da Vinci** – Sophie Chauveau
878. **Bella Toscana** – Frances Mayes
879. **A arte da ficção** – David Lodge
880. **Striptiras (4)** – Laerte
881. **Skrotinhos** – Angeli
882. **Depois do funeral** – Agatha Christie
883. **Radicci 7** – Iotti
884. **Walden** – H. D. Thoreau
885. **Lincoln** – Allen C. Guelzo
886. **Primeira Guerra Mundial** – Michael Howard
887. **A linha de sombra** – Joseph Conrad
888. **O amor é um cão dos diabos** – Bukowski
889. **Maigret sai em viagem** – Simenon
890. **Despertar: uma vida de Buda** – Jack Kerouac
891. (18).**Albert Einstein** – Laurent Seksik
892. **Hell's Angels** – Hunter Thompson
893. **Ausência na primavera** – Agatha Christie
894. **Dilbert (7)** – Scott Adams
895. **Ao sul de lugar nenhum** – Bukowski
896. **Maquiavel** – Quentin Skinner
897. **Sócrates** – C.C.W. Taylor
898. **A casa do canal** – Simenon
899. **O Natal de Poirot** – Agatha Christie
900. **As veias abertas da América Latina** – Eduardo Galeano
901. **Snoopy: Sempre alerta! (10)** – Charles Schulz
902. **Chico Bento: Plantando confusão** – Mauricio de Sousa
903. **Penadinho: Quem é morto sempre aparece** – Mauricio de Sousa
904. **A vida sexual da mulher feia** – Claudia Tajes
905. **100 segredos de liquidificador** – José Antonio Pinheiro Machado
906. **Sexo muito prazer 2** – Laura Meyer da Silva
907. **Os nascimentos** – Eduardo Galeano
908. **As caras e as máscaras** – Eduardo Galeano
909. **O século do vento** – Eduardo Galeano
910. **Poirot perde uma cliente** – Agatha Christie
911. **Cérebro** – Michael O'Shea
912. **O escaravelho de ouro e outras histórias** – Edgar Allan Poe
913. **Piadas para sempre (4)** – Visconde da Casa Verde
914. **100 receitas de massas light** – Helena Tonetto
915. (19).**Oscar Wilde** – Daniel Salvatore Schiffer
916. **Uma breve história do mundo** – H. G. Wells
917. **A Casa do Penhasco** – Agatha Christie
918. **Maigret e o finado sr. Gallet** – Simenon
919. **John M. Keynes** – Bernard Gazier
920. (20).**Virginia Woolf** – Alexandra Lemasson
921. **Peter e Wendy** *seguido de* **Peter Pan em Kensington Gardens** – J. M. Barrie
922. **Aline: numas de colegial (5)** – Adão Iturrusgarai
923. **Uma dose mortal** – Agatha Christie
924. **Os trabalhos de Hércules** – Agatha Christie
925. **Maigret na escola** – Simenon
926. **Kant** – Roger Scruton
927. **A inocência do Padre Brown** – G.K. Chesterton

28. **Casa Velha** – Machado de Assis
29. **Marcas de nascença** – Nancy Huston
30. **Aulete de bolso**
31. **Hora Zero** – Agatha Christie
32. **Morte na Mesopotâmia** – Agatha Christie
33. **Um crime na Holanda** – Simenon
34. **Nem te conto, João** – Dalton Trevisan
35. **As aventuras de Huckleberry Finn** – Mark Twain
36. (21).**Marilyn Monroe** – Anne Plantagenet
37. **China moderna** – Rana Mitter
38. **Dinossauros** – David Norman
39. **Louca por homem** – Claudia Tajes
40. **Amores de alto risco** – Walter Riso
41. **Jogo de damas** – David Coimbra
42. **Filha é filha** – Agatha Christie
43. **M ou N?** – Agatha Christie
44. **Maigret se defende** – Simenon
45. **Bidu: diversão em dobro!** – Mauricio de Sousa
46. **Fogo** – Anaïs Nin
47. **Rum: diário de um jornalista bêbado** – Hunter Thompson
48. **Persuasão** – Jane Austen
49. **Lágrimas na chuva** – Sergio Faraco
50. **Mulheres** – Bukowski
51. **Um pressentimento funesto** – Agatha Christie
52. **Cartas na mesa** – Agatha Christie
53. **Maigret em Vichy** – Simenon
54. **O lobo do mar** – Jack London
55. **Os gatos** – Patricia Highsmith
56. (22).**Jesus** – Christiane Rancé
57. **História da medicina** – William Bynum
58. **O Morro dos Ventos Uivantes** – Emily Brontë
59. **A filosofia na era trágica dos gregos** – Nietzsche
60. **Os treze problemas** – Agatha Christie
61. **A massagista japonesa** – Moacyr Scliar
62. **A taberna dos dois tostões** – Simenon
63. **Humor do miserê** – Nani
64. **Todo o mundo tem dúvida, inclusive você** – Édison Oliveira
65. **A dama do Bar Nevada** – Sergio Faraco
66. **O Smurf Repórter** – Peyo
67. **O Bebê Smurf** – Peyo
68. **Maigret e os flamengos** – Simenon
69. **O psicopata americano** – Bret Easton Ellis
70. **Ensaios de amor** – Alain de Botton
71. **O grande Gatsby** – F. Scott Fitzgerald
72. **Por que não sou cristão** – Bertrand Russell
73. **A Casa Torta** – Agatha Christie
74. **Encontro com a morte** – Agatha Christie
75. (23).**Rimbaud** – Jean-Baptiste Baronian
76. **Cartas na rua** – Bukowski
77. **Memória** – Jonathan K. Foster
78. **A abadia de Northanger** – Jane Austen
79. **As pernas de Úrsula** – Claudia Tajes
80. **Retrato inacabado** – Agatha Christie
81. **Solanin (1)** – Inio Asano
82. **Solanin (2)** – Inio Asano
83. **Aventuras de menino** – Mitsuru Adachi
84. (16).**Fatos & mitos sobre sua alimentação** – Dr. Fernando Lucchese
85. **Teoria quântica** – John Polkinghorne
86. **O eterno marido** – Fiódor Dostoiévski
87. **Um safado em Dublin** – J. P. Donleavy
88. **Mirinha** – Dalton Trevisan
989. **Akhenaton e Nefertiti** – Carmen Seganfredo e A. S. Franchini
990. **On the Road – o manuscrito original** – Jack Kerouac
991. **Relatividade** – Russell Stannard
992. **Abaixo de zero** – Bret Easton Ellis
993. (24).**Andy Warhol** – Mériam Korichi
994. **Maigret** – Simenon
995. **Os últimos casos de Miss Marple** – Agatha Christie
996. **Nico Demo** – Mauricio de Sousa
997. **Maigret e a mulher do ladrão** – Simenon
998. **Rousseau** – Robert Wokler
999. **Noite sem fim** – Agatha Christie
1000. **Diários de Andy Warhol (1)** – Editado por Pat Hackett
1001. **Diários de Andy Warhol (2)** – Editado por Pat Hackett
1002. **Cartier-Bresson: o olhar do século** – Pierre Assouline
1003. **As melhores histórias da mitologia: vol. 1** – A.S. Franchini e Carmen Seganfredo
1004. **As melhores histórias da mitologia: vol. 2** – A.S. Franchini e Carmen Seganfredo
1005. **Assassinato no beco** – Agatha Christie
1006. **Convite para um homicídio** – Agatha Christie
1007. **Um fracasso de Maigret** – Simenon
1008. **História da vida** – Michael J. Benton
1009. **Jung** – Anthony Stevens
1010. **Arsène Lupin, ladrão de casaca** – Maurice Leblanc
1011. **Dublinenses** – James Joyce
1012. **120 tirinhas da Turma da Mônica** – Mauricio de Sousa
1013. **Antologia poética** – Fernando Pessoa
1014. **A aventura de um cliente ilustre** *seguido de* **O último adeus de Sherlock Holmes** – Sir Arthur Conan Doyle
1015. **Cenas de Nova York** – Jack Kerouac
1016. **A corista** – Anton Tchékhov
1017. **O diabo** – Leon Tolstói
1018. **Fábulas chinesas** – Sérgio Capparelli e Márcia Schmaltz
1019. **O gato do Brasil** – Sir Arthur Conan Doyle
1020. **Missa do Galo** – Machado de Assis
1021. **O mistério de Marie Rogêt** – Edgar Allan Poe
1022. **A mulher mais linda da cidade** – Bukowski
1023. **O retrato** – Nicolai Gogol
1024. **O conflito** – Agatha Christie
1025. **Os primeiros casos de Poirot** – Agatha Christie
1026. **Maigret e o cliente de sábado** – Simenon
1027. (25).**Beethoven** – Bernard Fauconnier
1028. **Platão** – Julia Annas
1029. **Cleo e Daniel** – Roberto Freire
1030. **Til** – José de Alencar
1031. **Viagens na minha terra** – Almeida Garrett
1032. **Profissões para mulheres e outros artigos feministas** – Virginia Woolf
1033. **Mrs. Dalloway** – Virginia Woolf
1034. **O cão da morte** – Agatha Christie
1035. **Tragédia em três atos** – Agatha Christie
1036. **Maigret hesita** – Simenon
1037. **O fantasma da Ópera** – Gaston Leroux

IMPRESSÃO:

Pallotti

Santa Maria - RS - Fone/Fax: (55) 3220.4500
www.pallotti.com.br